POR QUÉ NOS ENCANTAN LOS GATOS

Obra editada en colaboración con Editorial Planeta - España

Título original: *Perché i gatti si fanno d'erba e noi siamo pazzi di loro*

Esta edición ha sido publicada por acuerdo con Oh!Books Literary Agency

Monica Marelli

© 2022, Giunti Editore S.p.A., Firenze-Milano, www.giunti.it

© 2023, Traducción: Carmen Ternero

Ilustraciones: Francesca Lù

© 2023, Editorial Planeta, S. A. - Barcelona, España

Derechos reservados

© 2023, Ediciones Culturales Paidós, S.A. de C.V.
Bajo el sello editorial ZENITH M.R.
Avenida Presidente Masarik núm. 111,
Piso 2, Polanco V Sección, Miguel Hidalgo
C.P. 11560, Ciudad de México
www.planetadelibros.com.mx
www.paidos.com.mx

Primera edición impresa en España: enero de 2023
ISBN: 978-84-08-26581-8

Primera edición impresa en México: mayo de 2023
ISBN: 978-607-569-456-6

Impreso en los talleres de Impregráfica Digital, S.A. de C.V.
Av. Coyoacán 100-D, Valle Norte, Benito Juárez
Ciudad De Mexico, C.P. 03103
Impreso en México – *Printed in Mexico*

MONICA MARELLI

POR QUÉ NOS ENCANTAN LOS GATOS

zenith

A todos mis gatos,
los que me esperan en el puente,
los que esperan que les dé la comida
y los que esperaré:
su amor ilumina mi vida.

Monica Marelli

A los sentidos de mi vida:
Roberto (Billi) y los gatos
(también se puede leer al revés,
no se van a molestar).

Francesca Lù

Introducción

Era 1979 y yo tenía once años cuando un gato me tocó el corazón con la pata por primera vez. Se llamaba Grigiona, aunque mi abuela y yo la llamábamos Micia. Era gris con grandes manchas blancas, un patrón que, curiosamente, no he vuelto a ver. En aquella época no teníamos la misma sensibilidad ni les dedicábamos la misma atención que hoy en día a los animales, especialmente a los gatos. Recuerdo que mi abuela se asombraba de que Micia nunca robara comida, bebiera agua y no leche, quisiera mimos y fuera tan limpia. Estábamos realmente en los albores de una relación humano-animal. Micia vivió diecinueve años y poco después llegó Chicca. Y luego muchos más. Desde entonces, no he pasado un solo día de mi vida sin un miau y un ronroneo.

Creo que mi amor ilimitado por estas criaturas me lo transmitió mi abuela. Cuando yo tenía dos años, me regaló un peluche con forma de gatito y me enamoré de él como si fuera de verdad. En este libro he recogido curiosidades, historias y novedades científicas con la idea de entretener, despertar la curiosidad, estimular nuevos intereses y acabar con los estereotipos que los gatos siguen teniendo que soportar hoy en día. Por ejemplo, los bípedos solemos subestimar la forma en que los gatos «ven» el mundo. En realidad, en vez de hacerlo con los ojos, los gatos perciben su entorno mediante los olores. Por eso es importante que al salir de casa les dejemos encima de la cama o en cualquier otro sitio una prenda de vestir. Percibir nuestro olor los tranquilizará al saber que, aunque sus humanos no estén, ese es su hogar. Pensar como un gato, o por lo menos intentarlo, mejora la convivencia y, sobre todo, la calidad de vida de nuestros amigos peludos.

¿Cuántas personas se siguen sorprendiendo por que los gatitos quieran mimos y necesiten contacto físico? Si nos detenemos a pensarlo, tampoco hay de qué sorprenderse. Los gatos son seres vivos y, al igual que nosotros, necesitan cariño y sentirse cuidados como en sus primeros días de vida, cuando el calor de mamá gata era todo su mundo. ¿De verdad choca tanto esta necesidad, teniendo en cuenta que nuestros primeros meses de vida los pasamos en brazos de nuestra madre? Si nos despojáramos por un momento de nuestra presunta superioridad, de la convicción de que somos el centro del universo, y observáramos la naturaleza y, especialmente, a los gatos, verdaderos filósofos de la vida, sin nuestra ancestral arrogancia, tal vez la Tierra sería un lugar mejor.

Monica Marelli

Los
adoramos

¿Cuándo nació el amor?

En el mundo hay más de seiscientos millones de gatos domésticos. ¿Cómo consiguieron meterse en nuestras casas y hacerse con comida, caricias y un lugar seguro donde dormir? Hasta hace poco se creía que la relación gato-humano había comenzado en Egipto hace 4 000 años: los súbditos de los faraones protegían las reservas de grano del ataque de los roedores gracias a las habilidades cazadoras de los gatos que, de este modo, se acercaron a los dioses. Pero nuestro amor es mucho más antiguo. Un importante descubrimiento, publicado en diciembre de 2013 por la Universidad de Washington en San Luis, demostró que los gatos empezaron a convivir con los seres humanos hace unos 5 300 años en China. Gracias a un estudio de datación por radiocarbono de huesos felinos encontrados en el pueblo de Quanhucun, los investigadores descubrieron que los gatos no vivían en las casas como animales de compañía, sino alrededor de las granjas. Los rastros químicos confirmaron que su trabajo consistía en cazar ratones, atraídos por los alimentos que los seres humanos les dejaban para que siguieran cazando. No ha podido determinarse si los ejemplares cuyos restos se encontraron procedían de Oriente Próximo, y, por tanto, también de Egipto, o si eran gatos originarios del territorio chino. Establecer su origen genético exacto es muy complicado porque los gatos, a diferencia de los perros, las ovejas o los caballos, por ejemplo, no han evolucionado hasta diferenciarse claramente de sus parientes salvajes. Tanto es así que, cuando se han hecho pruebas empíricas, los veterinarios, cazadores y naturalistas solo han podido distinguir el cráneo de un gato salvaje del de un gato doméstico 61 veces de cada 100. Desde un punto de vista científico, ¡es como «acertar» lanzando una moneda al aire! Aunque hay algunas diferencias (el gato doméstico tiene el intestino más largo y las extremidades ligeramente más cortas), un gato salvaje africano puede confundirse fácilmente con un gato doméstico. Hasta el pelaje es similar, dado que el gato salvaje es un *tabby mackerel* (atigrado a rayas), que se parece mucho a los gatitos que estamos acostumbrados a ver todos los días.

Felis... ¿qué?

El hábitat original del gato montés era Europa hace 250 000 años, en plena glaciación. Luego se trasladó a climas menos rigurosos migrando a Asia y África. Hace unos 20 000 años, al final de la Edad de Hielo, el gato montés africano se separó del europeo. Mucho más tarde, hace unos 10 000 o 15 000 años, se mezclaron los gatos africanos, asiáticos y europeos, con lo que se adaptaron a casi todos los tipos de clima. Por lo tanto, no hubo tiempo suficiente para que aparecieran mutaciones importantes ni marcadas que distinguieran al gato doméstico del salvaje. Conclusión: la clasificación científica actual dice que el gato montés pertenece a la especie *Felis silvestris*, de la que el gato doméstico es una subespecie denominada *Felis silvestris catus*. Entre ambas hay una gran diferencia «social», puesto que el gato montés vive solo y únicamente se relaciona con sus congéneres durante la época de celo, mientras que nuestro minino es social y se relaciona con nosotros de una forma extraordinariamente variada. Juguetón y esquivo, cariñoso y reservado, mimoso y solitario, su temperamento depende del momento. Vive en constante equilibrio entre su naturaleza salvaje y la doméstica, sin renunciar nunca a una ni a otra. Y esto lo hace aún más fascinante e indefinible.

¿Por qué el gato se adaptó para vivir con nosotros?

No lo necesitaba. Vivía en los márgenes de la sociedad campesina comiendo sobras y ratones, no se estaba extinguiendo, su hábitat no estaba amenazado por una glaciación y no había sufrido modificaciones genéticas que lo hicieran depender de los seres humanos. Averiguar quién fue el primero que decidió acercarse a un gato y «convencerlo» para que se fuera a vivir a su casa es como intentar averiguar quién inventó la ventana o la mesa. Es totalmente imposible. Lo que sí sabemos es que los egipcios se dieron cuenta antes que nadie de lo adorables que eran los gatos y los acogieron en sus comunidades. Por lo tanto, el misterio de la domesticación de este animal no parece residir en la genética, sino en la influencia del entorno. Los experimentos han demostrado que los gatitos que se han criado en un grupo de iguales siguen siendo sociables de adultos y tienden a formar grupos de forma espontánea. En cambio, el gato montés es un animal totalmente solitario y ni siquiera de adulto tiene contacto con otros miembros de su propia especie. En las colonias felinas también se ha observado que las madres colaboran entre sí para el cuidado de las crías, un comportamiento que está totalmente ausente en los gatos salvajes. Así pues, el grado de sociabilidad se desarrolla y refuerza al compartir el

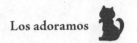

mismo ambiente con otros individuos. Por consiguiente, nacer y crecer entre seres humanos favorece el establecimiento de una relación con nosotros.

¿Por qué nos gustan tanto?

Agarra un gatito, ponlo a jugar con una pelota, tal vez mostrando su suave barriguita y las almohadillas rosas, grábalo y súbelo a YouTube. Las probabilidades de que el video termine compartiéndose entre millones de personas son altísimas. Y eso por no hablar de las fotos de felinos que saltan de un muro a otro, los miles de blogs en los que contamos las proezas de nuestros mininos o las páginas de veterinarios que se ofrecen a contestar a todas las preguntas de los amantes de los gatos. Internet es la prueba de hasta qué punto enloquecemos por ellos. ¿Qué tienen los gatos que los perros u otros animales domésticos no? Los psicólogos han decidido estudiar este auténtico fenómeno social y han descubierto cosas muy interesantes. Ante todo, para los amantes de los gatos, las redes sociales son lo que los parques y jardines para los amantes de los perros, lugares de encuentro en los que se puede charlar tranquilamente sin temor a que nadie se burle de ellos. Miles Orvell, historiador de la Universidad de Temple y especialista en cultura visual, en una entrevista para

The New Republic subraya que la Red no ha hecho más que difundir en todos los hogares una pasión que ya existía. Es importante entender, dice el experto, que internet no ha hecho más que sacar a la luz nuestro amor por ellos, un sentimiento que hemos estado cultivando intensamente desde hace mucho tiempo. Pero queda otra pregunta: ¿por qué nos quedamos como hipnotizados y profundamente conmovidos al ver un video de un gatito de pocos meses? Es cierto que son dulces y tiernos, pero eso no justifica un poder tan perturbador. El video de una gata que abraza a su pequeñín mientras duerme acumula más de 56 millones de visitas, una cifra enorme (teniendo en cuenta que, mientras escribo este libro, el video más visto del mundo es el videoclip de *Despacito*, del cantante puertorriqueño Luis Fonsi, con más de 6 000 millones de visitas). El filósofo Michael Newall explica de modo sencillo por qué se desbordan nuestras emociones cuando vemos a un gatito pequeño: ojos enormes, nariz pequeñita, boca chiquita, cachetes y una expresión que parece decir «cárgame». Pero, ojo, ¿es la descripción de un gato o la de un niño? Para nuestro cerebro, sobre todo el femenino, no hay mucha diferencia. Es más, según Newall, cuando miramos a los gatos se dispara nuestro instinto de protección de la prole, y los gatitos conservan en sus rasgos infantiles una fuerte connotación que los hace parecerse a los bebés. Por eso, si oyes a una mujer soltar un gritito agudo y decir «¡qué bonito!», pueden ser dos cosas: o está viendo un bebé recién nacido o se está derritiendo con un video de gatitos. Pero, entonces, ¿hay una respuesta definitiva para la pregunta de por qué nos gustan tanto los gatos? Yo creo que no, porque las razones son muchas y variadas. En cualquier caso, la psicología nos dice que dedicamos mucha atención a quienes son como nos gustaría ser. Pensemos, por ejemplo, en los líderes políticos o los actores. Por otra parte, no hace mucho, los gurús del bienestar aconsejaban vivir la vida como un gato: cuidado del cuerpo, un poco de afecto sincero y seguir siendo lo suficientemente niño como para jugar y divertirse incluso en la edad adulta. Los gatos son sabios filósofos. Viven el momento, no les preocupa caer bien a toda costa, no se esfuerzan por acumular riquezas y se hacen querer (mejor dicho, adorar) exactamente por lo que son: gatos. ¿Quizás por eso nos gustan tanto? ¿Nos gustaría ser como ellos?

Adorable y vulnerable

Para los expertos, nuestro amor, que germina en un terreno cargado de motivaciones, también prospera por otra razón que no tiene nada que ver con la (innegable) belleza de los gatos: su vulnerabilidad. Es algo así como la simpatía que sentimos por el Pato Donald: nos gusta porque tiene un poco de mala suerte y nos resulta fácil identificarnos con él. El gato, como nosotros, es depredador y presa. Este doble papel, impuesto por las reglas de la naturaleza, lo hace ser esquivo y furtivo. El gato está siempre alerta, pues de lo contrario arriesga su vida. No puede distraerse. Su debilidad nos inspira una actitud de protección y hace que nos identifiquemos con él. Porque, en el fondo, nos parecemos un poco. Podemos alzarles la voz a nuestros hijos y ser agresivos en el coche si alguien nos corta el paso, pero luego tenemos que aguantar la arrogancia de un jefe o defendernos de gente maleducada o de una pareja «depredadora» de sentimientos. En nuestro mundo bípedo somos presas y depredadores. ¿Cómo no va a seducirnos nuestro «gemelo» en miniatura?

¿Casa o bípedo?

Solo si vivimos en contacto estrecho con ellos vemos lo absurdo que es uno de los estereotipos más antiguos y arraigados sobre los gatos, según el cual estos se encariñan con la casa, no con el amo. Aparte de que la palabra «amo» está realmente fuera de lugar y rebosa arrogancia, podemos decir con total seguridad que a los gatos les encanta la compañía de su humano (aunque cargarlos o acariciarlos sean actividades que habrá que llevar a cabo con modos y tiempos felinos; en otras palabras, ellos deciden cómo y cuándo) y la separación puede provocar un verdadero síndrome de abandono, aunque el gato se quede en casa. Desde un punto de vista científico, los gatos domésticos son animales sociales, saben comunicarse de forma natural y tienen una extraordinaria capacidad para mantenerse continuamente en equilibrio entre su naturaleza felina y salvaje y su naturaleza más mansa y doméstica. Juegan con un ratón de peluche hasta que lo destrozan y luego se convierten en suaves compañeros de mimos ocupando su lugar a nuestro lado en el cojín o acurrucándose a nuestros pies, porque así es como ven la vida: les encanta ser gatos y aman al humano que los ha acogido.

¿Has gatificado la casa?

Este neologismo, que ha entrado a formar parte oficialmente del lenguaje de los amantes de los gatos, fue inventado por el estadounidense Jackson Galaxy, que se convirtió en experto en comportamiento animal después de vivir una larga experiencia en contacto con gatos alojados en refugios. Galaxy ha llegado a ser una estrella de televisión gracias a programas como *El encantador de gatos*, en el que va a las casas de la gente y resuelve conflictos entre animales y humanos. Uno de sus consejos es gatificar la casa. ¿Y eso cómo se hace? Los gatos se relacionan con el espacio tridimensionalmente, es decir, no solo se mueven en horizontal, sino que muchas veces lo hacen también en vertical. Les encanta trepar y observar el mundo desde arriba. Por eso muchas tiendas ofrecen soluciones especiales, como pequeños puentes tibetanos que cruzan las habitaciones, estanterías antiderrapantes para las paredes o escaleras que suben hasta el techo, y tampoco hay que olvidar el suelo, donde hay que poner cestas con cojines suaves, cajas en las que los gatitos puedan esconderse y dormir tranquilos, juguetes para satisfacer sus instintos de caza y postes rascadores muy altos para que puedan estirar el cuerpo mientras se rascan, como lo harían en el tronco de un árbol.

¿Cuántos gatos por casa?

Yo siempre he tenido como máximo dos gatos en casa, pero conozco gente que tiene seis. Para descubrir si la cantidad de animales maulladores que conviven en una sola casa puede ser estresante, los científicos de la facultad de Medicina Veterinaria de la Universidad de Viena han estudiado el comportamiento de ciento veinte gatos domésticos. Primero los dividieron en tres categorías: grupo 1, formado por veintitrés gatos «solos»; grupo 2, formado por gatos que conviven en pareja, y grupo 3, formado por tres o cuatro gatos. Una de las preguntas que se les hacía a los humanos que convivían con ellos era si al gato le gustaba ser acariciado. Esto es importante, porque, para comparar el nivel de tensión nerviosa, hay que medir los rastros químicos (glucocorticoides) que dejan en las heces las hormonas del estrés (incluido el cortisol, como en los humanos). Obviamente, un gatito al que le gustan los mimos es un gato menos estresado y tiene un nivel de glucocorticoides más bajo que los demás. Los resultados son claros: de los 120 gatos, a 85 les encantaba que los acariciaran; 4 evitaban los mimos y 13 los «toleraban». Los análisis químicos revelaron un mayor nivel de estrés en los gatos a los que no les gustaba que los acariciaran y los investigadores llegaron a la conclusión de que el número de gatos que conviven no influye en el estrés: ya sean dos o diez, pueden vivir igual de felices. Lo decisivo es la calidad de la relación que se establezca entre los gatos (si se llevan bien o no) y con el humano (si les presta atención o no), el espacio vital disponible y el acceso a la comida.

¿Gatos que manipulan a las mujeres?

Micius era el gato de mi amiga Sandra. Un domingo, la bípeda decidió que, en lugar de levantarse, se quedaría un poco más en la cama para recuperarse de una noche insomne. Sandra se puso tapones en los oídos y por fin entró en el mundo de los sueños. Micius se alarmó cuando no la vio llegar con la comida a la hora del desayuno. Subió las escaleras, entró en la habitación y, después de unos cuantos maullidos, empezó a darle golpecitos con la pata en la nariz. Pero nada. Entonces, ¿qué hizo? Salió al balcón, saltó al del vecino y fue a maullarle muy fuerte hasta que el hombre llamó a la puerta de su amiga. Micius se preocupó y actuó en consecuencia. ¿Cómo deberíamos interpretar esta reacción? Ahora, hasta la ciencia lo confirma: entre los gatos y los seres humanos se establece un vínculo profundo que se parece muchísimo a las relaciones afectuosas que se crean entre las personas, sobre todo si el felino interactúa con una mujer. Y eso no es todo: los gatos consiguen controlar la situación (un modo elegante de decir «manipular»), sobre todo cuando se relacionan con la persona que les da de comer y los acaricia, de forma muy parecida a lo que sucede entre un niño y sus padres. Estas fueron las conclusiones a las que llegó el biólogo austríaco Kurt Kotrschal, de la Universidad de Viena, después de ver y analizar con sus colaboradores unos videos que mostraban la vida cotidiana de 41 humanos con sus gatitos: se observó que las interacciones son muy similares a las que se dan entre un niño y sus padres. La comida actúa como medio para manifestar afecto, un mensaje que el felino percibe igual que un recién nacido: «Mamá me alimenta y me cuida, así que confío en ella». El estudio demostró que, aunque los hombres muestran un gran afecto hacia los gatos, las mujeres son las que interactúan más y tienen un vínculo más intenso con ellos. Es de nuevo la relación madre-hijo la que desempeña un papel clave, pues desde el principio de los tiempos son ellas las que permanecen físicamente con su descendencia y la cuidan. Los gatos sienten este afecto y, como ha demostrado Kotrschal, devuelven el favor: tienden a ser más receptivos a las atenciones de las mujeres. La relación está tan equilibrada que el gato podría convertirse en el mejor amigo de las mujeres, que son capaces de ganarse un poco más su complicidad que los hombres. La coautora del estudio, Dorothy Gracey, explicó en un artículo para la página web de *Discovery News* que, en general, la relación gato-humano implica una serie de mecanismos psicológicos importantes: atracción mutua, compatibilidad de personalidad, facilidad de interacción, juego, afecto y la sensación de un vínculo real de cuidado y apoyo. Por supuesto, todos estos aspectos emergen de diferentes formas según las personas y el carácter de cada gato. En definitiva, un gato que duerme a nuestro lado, que se muestra feliz cuando llegamos a casa, que se deja cepillar mientras ronronea o que come con entusiasmo la comida que le preparamos nos demuestra así su afecto. Estos son solo algunos ejemplos a los que, como prueba de la empatía mutua entre gatos y humanos, se pueden añadir muchos otros para demostrar que no se trata de «percepciones» distorsionadas por la fantasía de los amantes de los gatos, puesto que todos son reales. Actualmente, el equipo de Kotrschal está estudiando la relación entre humanos y perros. Al parecer, aún queda mucho por descubrir sobre esa relación milenaria.

Bípedo ansioso, gatito nervioso

La relación emocional que nos une a nuestros gatos es tan intensa que incluye importantes consecuencias en su comportamiento. Una investigación llevada a cabo por la Universidad de Lincoln en colaboración con la Nottingham Trent University, y que se publicó en la revista científica *Plos One*, descubrió que la personalidad del humano influye en gran medida en el bienestar psicofísico del gato. Los investigadores seleccionaron a tres mil personas que vivían con gatos y les aplicaron un cuestionario sobre la personalidad, el comportamiento, la salud y el estilo de vida tanto de las personas como de los gatos. Los resultados fueron muy parecidos a los que se obtienen en estudios sobre padres e hijos: si los adultos son particularmente nerviosos o no saben afrontar adecuadamente el estrés cotidiano, sus hijos también se ven afectados y «copian» el comportamiento debido a las neuronas espejo, lo que tiene malas consecuencias sobre la salud, el rendimiento escolar, el sueño, etc. El estudio mostró un sorprendente paralelismo: las personas estresadas y neuróticas tienen gatos con problemas de comportamiento, agresivos y con tendencia al sobrepeso, mientras que las personas que son más conscientes de sí mismas tienen gatos menos ansiosos y más sociables. Todo esto era de esperar, señalaron los investigadores: los gatos hoy en día forman parte de la familia, interactuamos con ellos constantemente y es inevitable que nuestro estado de ánimo les afecte. Lo que sentimos emocionalmente se lo transmitimos también a ellos, que son animales extremadamente sensibles a su entorno físico y psíquico.

¿A quién llamas «loca de los gatos»?

A los amantes de los gatos siempre se les considera un poco raros. En el imaginario colectivo, «la loca de los gatos» es una mujer desaliñada y mal vestida que va por la ciudad dando comida a gatos pulgosos y abandonados. Lo más curioso es que no existe un término equivalente para los amantes de los perros, sino todo lo contrario: los rasgos que caracterizan al estereotipo de estos últimos son la nobleza y un toque de esnobismo. Puede que en el fondo, aunque muy en el fondo, haya una pizca de verdad en ello. He observado que, cuando estoy en la fila del supermercado, es fácil entablar conversación con un amante de los gatos, que se reconoce enseguida porque lleva el carrito lleno de comida para ellos y bolsas de arena. Nos preguntamos cuántos años tienen nuestros gatos, qué comen, qué saben hacer (de todo, claro; estoy segura de que un día alguien me dirá que su gato sabe escribir, porque los demás ya saben «hablar» y dicen «mamá»). En cambio, estas conversaciones no se dan con los amantes de los perros. Cuando me los encuentro por la calle, aunque sé que pueden pensar que estoy loca, me gusta saludar al perro que va con su correa y que, normalmente, me devuelve el saludo mirándome fijamente con sus ojazos, mientras el bípedo o la bípeda que lo acompaña no se digna a mirarme. Lo dicho, esnobs.

Personalidad: ¿eres de gatos o de perros?

Las personas que prefieren a los perros y las que prefieren a los gatos tienen temperamentos distintos. Parece una afirmación banal y basada en rumores, pero hoy contamos con una prueba científica. La investigadora estadounidense Denise Guastello, psicóloga de la Carroll University de Waukesha (Wisconsin), realizó un estudio con seiscientos estudiantes a los que hizo todo tipo de preguntas destinadas a sondear su personalidad, además de preguntarles qué mascota preferían y por qué. Las respuestas mostraron que los amantes de los gatos son más introvertidos y tolerantes, tienen esa pizca de inconformismo que a veces les permite romper las reglas y lo que más les gusta de su gato es el afecto que este consigue transmitir. Por su parte, los amantes de los perros son más extrovertidos, prefieren el aire libre y tienden a seguir las reglas; lo que más aprecian de su amigo peludo es su compañía. La psicóloga sostiene que lo más probable es que cada uno de nosotros elijamos al animal que más se nos parece. Estos estudios son importantes para mejorar las técnicas de terapia asistida con animales, que implican la compañía de un animal para personas con problemas físicos y psíquicos.

¿Por qué a algunas personas les dan miedo los gatos?

Taquicardia, sudoración en las palmas de las manos, sensación de ahogo que disminuye la respiración, incapacidad para moverse: estos son algunos de los síntomas de la ailurofobia, es decir, el temor irracional a los gatos (del griego * áilouros*, 'gato'), un trastorno que sufrieron Napoleón Bonaparte y Julio César. Descubrir el origen de este miedo es tarea de un psicoterapeuta, que puede ayudar a la persona fóbica a escarbar en el pasado para sacar a relucir el origen del trauma. Para resolver la situación existen varias técnicas, como la de visualización y relajación, en la que el «paciente» se relaja y, con la ayuda del terapeuta, empieza a visualizar a un gato, se imagina acariciándolo, este responde ronroneando, etc. Luego puede haber una «exposición gradual», en la que se acompaña a la persona fóbica ante un gato real para que empiece a familiarizarse con él, o también se puede empezar con fotos y videos de gatos. En los casos más difíciles, se puede probar con la hipnosis, mediante la cual el terapeuta intenta «reprogramar» el subconsciente para que la fobia se reduzca. Otro abordaje podría ser la programación neurolingüística (PNL). Según los expertos en esta técnica, la fobia es un «programa» erróneo que nuestro cerebro ha instalado, como si fuera una computadora con un *software* defectuoso. El experto en PNL ayuda a reprogramar la mente para perder el miedo a los gatos mediante la imaginación, la música y muchos otros estímulos positivos que se asocian con la idea del felino. También hay personas que no tienen una fobia real, sino una simple aversión. Hace unos años leí en una revista un artículo de psicología en el que se planteaba la posibilidad de que las personas que temen a los gatos se sientan irritadas por su sensualidad. Los movimientos sinuosos de los gatos, sus genitales siempre a la vista y la seducción que ejercen sobre los seres humanos son señales inconscientes molestas para las personas que tienen problemas no resueltos con su sexualidad. Un punto de vista interesante, ¿verdad?

La teoría del gato y la censura

Internet ha cambiado radicalmente nuestra vida. Es el medio de comunicación más poderoso que tenemos. En nuestro planeta nunca ha habido otra herramienta tan rápida, eficaz y poderosa. Permite intercambiar miles de millones de datos entre miles de millones de personas. Pensemos, por ejemplo, en los médicos, que pueden enviar diagnósticos y radiografías o asistir a operaciones quirúrgicas a distancia, de un continente a otro; en los investigadores, que pueden debatir sobre nuevos medicamentos, o en las conciencias que se pueden despertar mediante el activismo sobre cuestiones tan importantes como la política, la ecología o el respeto a los animales. La Red es como un gran cerebro formado por miles de millones de neuronas dispuestas a interactuar entre sí en cualquier momento y a una velocidad increíble. Sin embargo, lo que destaca en internet no es el compromiso social y el progreso científico. La Red es más bien pornografía y gatos. ¿Te decepciona la humanidad? Un momento, vayamos por partes. Ethan Zuckerman es un estudioso de los medios de comunicación, en especial de los relacionados con las nuevas tecnologías, y se hizo famoso por su teoría, a la que ha llamado *The Cute Cat Theory of Digital Activism* [teoría del gatito lindo del activismo digital]. Zuckerman comprobó que la gente consulta internet sobre todo por diversión. La pornografía y los gatos son los temas más buscados. Fundamentalmente, lo que fomentó este aspecto de la Red fue el desarrollo de redes sociales como Facebook, Twitter o incluso YouTube, por nombrar algunas. ¿Y los activistas no podían organizarse mejor? Pues no, y menos mal. El compromiso social no tiene su propia plataforma, por lo que distribuye la información sobre sus causas a través de sitios ya establecidos, mezclándose con los gatos y los humanos practicando el kamasutra; un modo inteligente de actuar, porque protege al activismo del acoso de los Gobiernos. Bloquear una página web que llama a boicotear a Canadá para protestar contra la matanza de focas sería muy fácil para el Gobierno canadiense, pero bloquear Facebook por invitar a la gente a recoger firmas contra Canadá es prácticamente imposible, ya que los usuarios se rebelarían porque no podrían acceder a las fotos de gatos. Podríamos decir que los gatos salvan la libertad de expresión. Es ciencia (bueno, vale, la pornografía también, pero prefiero otorgar todo el mérito a los gatos).

Las estrellas-miau de la Red

Antes estaban Tom, de los dibujos animados *Tom y Jerry* (yo animaba al gato torpe, no al ratón), Silvestre (sin comentarios sobre el estridente Piolín) y los magníficos aristogatos (cuando sea más grande quiero ser como la señora Adelaida, rica y rodeada de gatos). Pero, hoy en día, encontramos a los nuevos héroes del maullido en internet, y sus aventuras tienen millones de seguidores.

Por ejemplo, ¿conoces a Nala Cat? Vive en Los Ángeles y, con sus grandes ojos azules, sigue conquistando seguidores día tras día. Hasta aparece en los récords Guinness por ser el felino más seguido en Instagram. La adoptaron de un criadero cuando solo tenía cinco meses. En aquel momento tenía problemas respiratorios, pero hoy ya está bien y sus humanos la «usan»

como testimonio en favor de las adopciones y esteriliza-
ciones. Otro es Hamilton, el gato hípster, que te saca inmediatamente una sonrisa, porque las dos «pinceladas»
de blanco que interrumpen el pelaje gris sobre sus labios
hacen que parezca que tiene un enorme bigote. Lo encontraron en la calle en San José y ahora vive con su bípedo en el supertecnológico Silicon Valley de California.

En Japón, el campeón del «me gusta» es el gato Maru.
Nacido en 2007, es un macho de la raza *scottish straight*
y su carrera como estrella de la Red comenzó hace años,
en los albores de YouTube, donde fue presentado como
un amante de las cajas de cartón, hasta las más pequeñas,
en las que consigue acomodarse en poses muy divertidas.

En Italia es imposible no mencionar a Gatto Morto,
del escritor Stefano D'Andrea. No te dejes impresionar
por el nombre, porque viene de las divertidísimas aventuras que escribe su humano, y que siempre terminan
diciendo: «Soy un gato muerto», con la foto del gato,
un siberiano atigrado de pelo largo, que muestra toda
su belleza patas arriba. Tiene cientos de miles de seguidores en las redes sociales y hasta hay un pequeño misterio en curso, pues algunos insinúan que su Majestad
(como lo llaman los fans) es en realidad una hembra...
¡Los chismorreos van más allá de las razas! Pero la Red
no se limita a los *gato-influencers*. En Italia también hay
personas y asociaciones muy activas que se ocupan de
salvar, curar y dar en adopción a gatos abandonados a

través de las redes sociales. Una página con muchísimos seguidores es la de Gloria Ibba, propietaria de varias colonias felinas ubicadas en los alrededores de la espléndida provincia de Cerdeña del Sur, una región que un periódico local definió como «el paraíso de los turistas y el infierno de los animales abandonados». Gloria se ocupa, a sus expensas (contando con la generosidad de sus seguidores), de cuidar a los numerosos animales que necesitan su ayuda. En pocas palabras, la Red no es solo «me gusta» y patrocinio. Bien usada, también puede ser una buena forma de ayudar a los que no tienen voz.

Miau contra Guau en la Red

La pasión por los gatos recorre internet, aunque los amantes de los perros también se expresan de vez en cuando. Pero no mucho. Solo hay una foto de un perro por cada diez de un gato, señala Ben Huh, el ingenioso creador de la famosa página <www.cheezburger.com>, un punto de referencia para los amantes de los mininos. Al hacer posible que los amantes de los gatos puedan compartir su pasión, internet ha creado un «arma de dulzura masiva», afirma Huh. Y no es de extrañar, ya que los adoramos desde hace más de diez mil años. Huh afirma que los gatos también tienen más éxito porque, entre otras cosas, son más expresivos que los perros y tienen una mayor variedad de comportamientos y reacciones. No es solo verlos correr detrás de una pelota lo que hace que nos enamoremos de ellos, sino mucho mucho más. Vale, todos nos volvemos locos con ellos y, si la Red hablara, diría «miau». Pero pasa algo curioso: en YouTube, los videos más buscados son los de perros; sin embargo, los que más se comparten, hasta hacerse virales, son los de gatos. En otras palabras, los gatos gustan más. Jack Shepherd, expresidente de BuzzFeed, un sitio web lleno de memes de animales, dice que los gatos tienen un poder absoluto en la Red por su temperamento. ¿Para qué molestarse en complacer al bípedo, como hacen los perros, si el bípedo ya está loco por ellos?

¿Pueden convivir Miau y Guau?

Por la Red circulan fotos sublimes: perros y gatos que duermen abrazados como si fueran uña y... pelo. Un estudio que publicó en 2008 la revista científica *Applied Animal Behaviour* demostró que si el gatito tiene menos de seis meses y el perro menos de doce, no tendrán problemas de convivencia y vivirán en paz el resto de sus vidas. De hecho, la naturaleza no ha determinado de ningún modo que tengan que odiarse. Lo suyo solo es un problema de comunicación. Por ejemplo, el perro tiende a mirar fijamente a los ojos para transmitir sumisión, mientras que para el gato eso es una invitación al enfrentamiento. Sin embargo, cuando los gatos y los perros crecen juntos y aprenden a reconocer las señales del otro, de adultos serán... bilingües y vivirán juntos pacíficamente.

¿Quieres un *lolcat* de «purrito»?

Si quieres empezar el día con una sonrisa, prepárate un «purrito», una mezcla de ronroneo y burrito. Son fotos de gatos enrollados en una manta que recuerdan al famoso plato mexicano, porque solo la cabeza sobresale del «rollo». Lo de envolver al gato en una manta para inmovilizarlo es una técnica recomendada para la administración de medicamentos, a fin de evitar gestos inesperados del gatito, pero la imagen es tan graciosa que no tardó en hacerse viral. También es muy divertido el *lolcat*: el término es la unión del acrónimo «lol» (*laughing out loud*, reírse a carcajadas) y la palabra gato (*cat*). Las imágenes de *lolcat* son fotos humorísticas de gatos que suelen contener errores gramaticales puestos a propósito para enfatizar la situación. Sin embargo, los primeros *lolcats* se remontan a alrededor de 1870. Fueron inventados por el fotógrafo Harry Pointer, que, tras fotografiar gatos, añadía frases humorísticas a las fotos.

¿Quieres un cat-fé?

Un lugar donde, durante el almuerzo o la pausa para el café, se pueden admirar gatos y jugar con ellos mientras andan libres puede parecer un sueño, pero es la dulce realidad. El primer cat café se abrió en Taipéi (Taiwán), en 1998, y se llama Paradise Cat. La idea se extendió después a Japón (actualmente, hay más de cincuenta solo en Tokio), donde ha tenido un éxito rotundo, porque muchas veces es la única oportunidad que tienen los japoneses de acariciar un gato, teniendo en cuenta que suele estar prohibido tener animales en los departamentos. A lo largo de los años, se han abierto numerosos cat cafés en todo el mundo, incluso en Oriente Medio, en Dubái, donde los clientes pueden elegir entre veinte gatos para una hora de terapia con mascotas. En abril de 2014 se abrió en Turín el primer cat café de Italia: se llama Neko-Cafè (del japonés *neko*, 'gato'; <www.nekocafe.it>). La mayoría de los cat cafés son también centros de adopción y protección de animales abandonados.

¿Por qué algunas personas son alérgicas a los gatos?

Los síntomas son los del resfriado común. Muchos mocos, ojos llorosos, ráfagas de estornudos. Pero los virus no tienen nada que ver: es alergia a los gatos; o, más bien, a la proteína Fel d 1 que contienen la orina, la saliva y el manto hidrolipídico que producen las glándulas sebáceas del gato y que llega a la nariz humana a través de la caspa, es decir, las escamas invisibles de piel muerta que se adhieren al pelo y se depositan en la ropa, las superficies, etc. Las personas alérgicas tienen un sistema inmunitario hiperreactivo, que confunde algunas sustancias inofensivas (como las proteínas de los gatos) con otras dañinas y las ataca como si fueran virus o bacterias. Cuando la proteína entra en contacto con el cuerpo, este comienza a producir una cascada de inmunoglobulina E (IgE), un anticuerpo que combate al enemigo. Este anticuerpo estimula a su vez la liberación de histamina, una sustancia que relaja las paredes capilares para que los anticuerpos puedan desplazarse con mayor facilidad. El resultado son ojos enrojecidos, membranas mucosas de la nariz y la garganta más sensibles a los irritantes y un gran resfriado con ojos llorosos. Los investigadores de la Universidad de Cambridge han hecho un descubrimiento sensacional que en un futuro próximo podría resolver el problema: la reacción alérgica a la proteína Fel d 1 se desencadena cuando hay una bacteria común en el ambiente que, al morir, libera en el aire una toxina (un lipopolisacárido). Basta con una pequeña dosis de toxina unida a la proteína para que la mezcla sea fatal. El descubrimiento de esta «colaboración» entre la proteína y la toxina podría llevar pronto al desarrollo de un fármaco específico. En Estados Unidos, alrededor del diez por ciento de la población es alérgica a los animales domésticos (el doble a los gatos que a los perros), y es muy probable que estas proporciones también sean válidas aquí. Aunque hay que tener cuidado con las falsas alergias felinas, ya que a veces el gato parece el culpable, pero no lo es. Puede tener polvo o polen en el pelaje, en cuyo caso el gato es solo un medio, no la causa.

¿Hay gatos analérgicos?

En primer lugar, hay que distinguir entre analérgico e hipoalergénico. Analérgico significa que no provoca alergias en el cien por ciento de los casos. Hipoalergénico significa que provoca menos alergia. Pues bien, no hay gatos analérgicos, pero algunas razas son hipoalergénicas. El balinés produce menos proteína Fel d 1 que los gatos europeos. El bengalí tiene un pelo muy fino y escaso que no requiere ningún «mantenimiento» especial, por eso el gato se lame menos, por lo que desprende menos saliva y, por tanto, menos proteínas alergénicas. El *cornish rex* y el *devon rex* poseen un pelaje particular: solo tienen subpelo, por lo que mudan menos que otros gatos y, en consecuencia, es menos probable que la proteína se deposite en las superficies del hogar del bípedo alérgico. Luego está el *laperm*, cuyo pelaje especialmente rizado atrapa la caspa y el pelo, lo que reduce la posibilidad de que se liberen proteínas alergénicas en el aire. Lo importante es cepillar al gato con regularidad. El oriental de pelo corto pierde muy poco pelo, y los alérgicos aseguran que se sienten bien en su compañía. También está el siberiano, que, a pesar de su grueso pelaje, parece ser bien tolerado porque produce muy poca Fel d 1. Y, por último, el *sphynx*, que carece totalmente de pelo, por lo que la proteína maligna permanece adherida a la piel, que tiene que ser constantemente hidratada con pomadas especiales, y no puede flotar en el ambiente.

¿Y los gatos pueden tener alergias?

Sí. Al igual que nos ocurre a nosotros, su sistema inmunitario puede reaccionar de forma excesiva y considerar peligrosas sustancias que en realidad no lo son. Algunos alimentos (como el trigo, el maíz y la soya añadidos a las comidas preparadas), el polvo y el polen, por ejemplo, les pueden causar tos, estornudos, picores, lagrimeo, diarrea y vómitos. Si se tiene la sospecha de que el gato es alérgico, hay que hablar enseguida con el veterinario.

¡Alarma, pelos!

Cuando voy a tener alguna visita, lo primero que hago es cepillar el sillón para quitar los millones (bueno, serán solo cientos) de pelos que suelta Chicco. Hay quienes los guardan para hacer muñecos, mantas y bolas de fieltro en una especie de reciclaje extremo. Es una idea original. El libro de Kaori Tsutaya *Crafting with Cat Hair* [Manualidades con pelo de gato] está muy bien si quieres algunas ideas. Además, la materia prima no falta. Un gato tiene un promedio de veinte mil pelos por centímetro cuadrado. Es totalmente inútil preocuparse, enfadarse o agobiarse por los mechones blancos que se pegan a la ropa oscura. La vida peluda nos enseña a ser más pacientes que un monje tibetano en periodo de ayuno. Lo más rápido para quitarlos de los tejidos son los rodillos quitapelusas, aunque, si tengo mucha prisa, necesito algo más grande, así que tomo el rollo de cinta de empacar y le aplico «la cera» al sillón. De todas formas, navegando por internet encontré otra cosa que me gustaría pedir. Se llama Fur Fighter (luchador contra el pelo) y es un cepillo que tiene la superficie cubierta de puntas de goma, un material que ofrece la fricción perfecta para arrancar los pelos de los tejidos y que parece más eficaz que el rollo adhesivo. En los foros gatunos también aconsejan otro método: ponerse un guante de látex, humedecerlo y pasarlo por el sillón. Funciona bastante bien.

¿Por qué el pelo se pega a la ropa?

Hay que aceptarlo. Si vivimos con uno o varios gatos, estamos destinados a gastarnos una fortuna en rodillos quitapelusas. Y después de haberlo pasado varias docenas de veces, al salir a la calle nos seguiremos encontrando pelos. Igual que el nuestro, el pelo de gato está hecho de queratina, pero el nuestro no es tan pegajoso. El secreto radica en la estructura externa, llamada cutícula, que forma la capa exterior del tallo piloso. En los seres humanos, la cutícula está formada por escamas planas que se superponen parcialmente entre sí. Vistas en el microscopio, recuerdan a la disposición de las tejas en un tejado. Pero las escamas del pelo del gato tienen una forma distinta. Se dice que son espinosas, porque tienen forma triangular: en vez de ser planas, tienen puntas que van hacia fuera, y esas puntas son como ganchos que se agarran increíblemente bien a las fibras de los tejidos. Y eso no es todo. También contribuye la acumulación de cargas eléctricas. El pelo acumula electrones, que muy gustosamente se unen a las moléculas con carga positiva que encuentran en la ropa. En otras palabras: es una batalla perdida.

¿Por qué vomitan las bolas de pelo?

El pH medio del estómago de un gato es de 2,5. Una acidez tan fuerte no solo es necesaria para destruir bacterias, sino también para descomponer las proteínas de la carne y hacerlas más digeribles. Pese a ese entorno tan agresivo, de vez en cuando se acumula un material, el pelo ingerido, y es comprensible, ya que los gatos pasan mucho tiempo limpiándose el pelaje, entre el treinta y el cincuenta por ciento del que pasan despiertos, y, entonces, el gato se inclina hacia delante, hace ruidos extraños y alarmantes, y luego, con un sonido sordo, presentan al mundo un pequeño cilindro de pelo que, en términos científicos, se llama tricobezoar. A veces lo hacen sobre la alfombra carísima o la cama, aunque solo sea por elegir lugares donde resulte claramente visible. Otros prefieren ser discretos y lo hacen debajo de los cojines, los tapetes o la camiseta que el humano ha dejado incautamente en el dormitorio. Para limitar este inconveniente, se puede cepillar al gatito dos o tres veces por semana o darle de vez en cuando pastas específicas, como las que tienen maltodextrina (un carbohidrato soluble), que tienen la función de favorecer la eliminación de las bolas. En cualquier caso, siempre es bueno consultarlo con el veterinario.

¿Por qué se limpian entre ellos?

Todo el que conviva con parejas de gatos lo sabe: de vez en cuando, los gatos se acicalan unos a otros. Técnicamente, se dice que hacen *grooming* (del inglés *to groom*, 'cepillar' o 'acicalar'). Cuando un gato limpia a otro, tiende a hacerlo en la cabeza, donde no puede llegar por sí mismo. Esto solo se da entre gatos que se sienten en sintonía, y es un momento muy relajante y socializador. También lo hacen muchos otros animales, como los monos, los caballos (se frotan el hocico), los leones y los loros. Algunos macacos lo hacen para ganarse un puesto privilegiado en el apareamiento; de hecho, los investigadores han comprobado que las hembras prefieren aparearse con quien les haya hecho «mimos». Todo ello influye en el estado de ánimo, porque el cerebro, en respuesta a estos gestos, comienza a producir betaendorfinas, hormonas que inducen un estado de bienestar y relajación. Nosotros también hacemos *grooming*: los expertos afirman que en esta categoría no entran solo las «atenciones románticas» entre enamorados o las caricias entre padres e hijos, sino también los agradables momentos que pasamos en la peluquería (¿te acuerdas de lo rico que sientes cuando te masajean la cabeza al ponerte el champú?) o cuando vamos a la estética para que nos den un buen masaje, por citar algunos ejemplos.

¿Por qué se limpian tanto?

El gato es famoso por ser uno de los animales más limpios. Para él, es un instinto natural, una herencia adquirida de sus parientes que viven en la naturaleza, donde mantenerse lo más limpios posible significa no dejar rastros de olor, es decir, «caminos» que puedan guiar a los depredadores. Son tan hábiles en el cuidado del pelaje que hasta un gato blanco doméstico es capaz de mantenerse inmaculado. Cuando se lamen, los gatos hacen mucho más que darle brillo al manto, ya que también eliminan los pelos muertos, al tiempo que estimulan los folículos con la lengua, lo que hace que nazcan nuevos. Por eso, cuando un gatito enfermo no puede limpiarse, el pelo se le pone opaco y enmarañado enseguida. En verano, además, los gatos se limpian para refrescarse. Como no sudan, la evaporación de la saliva alivia el calor del cuerpo.

¿Y por qué se limpian siempre después de comer?

En este caso, la limpieza a fondo también es un instinto natural. El felino cazador tiene que limpiarse la sangre de la víctima que acaba de devorar (nuestros gatitos, como mucho, se limpian del pelaje unas migajitas de croquetas), de nuevo con la intención de no dejar rastros de olor y caer presa de algún depredador. Muchas veces, los gatos también interrumpen la comida para lamerse los bigotes, porque la lengua áspera les limpia el hocico de los residuos de carne sanguinolenta de la presa (o, en nuestro caso, de los trocitos de pollo hervido).

¿Se lamen para obtener vitamina D?

Esta vitamina es esencial, entre otras cosas, para el correcto desarrollo de los huesos y del sistema inmunitario, pero de dónde la obtienen los gatos sigue siendo una cuestión controvertida. Algunos investigadores creen que, cuando los gatos se echan al sol, los rayos ultravioleta de tipo B descomponen la sustancia grasa (un tipo de colesterol) que contiene el aceite que segrega su piel y la convierten en vitamina D_3, como ocurre en el caso de los seres humanos. Sin embargo, a diferencia de lo que sucede en nuestra epidermis, donde la dermis y los capilares absorben la neovitamina D_3, los gatos no pueden asimilarla debido al denso pelaje, por lo que tienen que ingerirla al limpiárselo. Por el contrario, otros expertos sostienen que este proceso no ocurre o que no basta para garantizar la dosis necesaria para mantener una buena salud, por lo que tienen que conseguir la vitamina mediante la alimentación.

¿Por qué se limpian donde los acariciamos?

Me pasa cada vez que le hago una caricia a Chicco. A lo mejor estoy preparando la cena mientras él está acurrucado en la silla de la cocina. Paso a su lado, le rasco la espalda... y él va, levanta la cabeza, olisquea el aire y luego empieza a limpiarse donde lo toqué. Al principio me sentía mal. ¿De verdad le da tanto asco que lo toque? Pero después me informé. Antes, los expertos pensaban que esa reacción era efectivamente una manifestación de incomodidad: «¡Tú, humana, me ensuciaste el pelo con esas horribles manos sin pelo que tienes y ahora tengo que limpiarme!». Pero cuando los gatos hacen eso, en realidad lo que están haciendo es comprobar quién los tocó. Con la lengua recogen moléculas que «hablan» de nosotros. Porque nosotros también dejamos rastros «de sabor» al tocar los objetos, como los gatos que, mediante las glándulas de las almohadillas, dejan su olor por donde pasan. De esta forma, los gatos «prueban» el pelo que les tocaron y lo cubren con saliva. Por otra parte, lo que se encuentran es un olor extraño debido al contacto con un humano, que de alguna forma se tendrán que quitar. ¿Acaso no hacemos nosotros lo mismo cuando nos entran unas ganas tremendas de bañarnos para quitarnos de encima el olor de los demás después de haber estado en un tren lleno de gente?

¿A los gatos les salen canas?

En primer lugar, el pelo gris no existe. El gris que vemos es una mezcla de pelos blancos y otros más oscuros. Con el tiempo, al gato le puede salir pelo blanco, sobre todo en la zona del hocico, cerca de la barbilla y los bigotes. El motivo es exactamente el mismo que provoca la decoloración en los seres humanos. Los investigadores de la facultad de Ciencias de la Vida de la Universidad de Bradford descubrieron que la melanina (el pigmento que da color al pelo) se daña debido a la acumulación de peróxido de hidrógeno en el folículo, es decir, en la zona en la que el pelo «se construye» proteína a proteína. Básicamente, lo que se produce es una reacción de oxidación, parecida a la que emplean los peluqueros para decolorar el pelo: la molécula de melanina pierde electrones y, al quedar «mutilada», ya no consigue reflejar la luz, por lo que se vuelve invisible y el pelo se muestra blanco.

¿Por qué el pelaje oscuro puede volverse rojizo?

Cuando el pelo gris oscuro o negro se vuelve rojizo significa que hay una reducción de la melanina, el pigmento que determina el color del pelaje. Esta reducción puede deberse a un desequilibrio en la alimentación: el gatito no ingiere suficiente tirosina, un aminoácido (un «ladrillo» de las proteínas) con el que el organismo construye melanina para mantener el pelaje oscuro. Si no hay suficiente tirosina, es porque el organismo no puede sintetizar la enzima tirosinasa. La deficiencia de tirosinasa puede tener varias causas, desde una falta de cobre hasta trastornos de la tiroides. En cualquier caso, si el color se vuelve rojizo, lo mejor es ir al veterinario enseguida. Una curiosidad: la enzima tirosinasa es sensible a la temperatura, por eso a los gatos *colourpoint* (con puntas de color), como los siameses, se les oscurecen las extremidades en invierno y se les aclaran en verano.

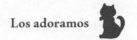

¿Por qué al típico gato doméstico se le llama *tabby*?

Porque su piel es muy *chic*. En realidad, *tabby* proviene de la palabra francesa que designa los reflejos ondulados del tejido de seda llamado tafetán. El pelaje de un *tabby* tiene características concretas: unas vetas más oscuras que bajan en espiral por los lados y los muslos. La cola puede ser rayada. En Italia se le llama soriano (que deriva de una denominación antigua de la actual Siria). Desde el punto de vista genético, existen cuatro tipos de diseño *tabby*: abisinio, atigrado, con manchas y jaspeado. Pero la prueba definitiva de que tu amigo peludo pertenece a esta categoría es la «M» que todo *tabby* posee. Se encuentra en el centro de la frente y se nota porque las líneas más oscuras sobre el fondo claro forman una indiscutible letra eme. Alrededor de este patrón natural han surgido muchas leyendas. Una muy tierna cuenta que cuando Jesús estaba en el pesebre empezó a temblar de frío. María lo envolvió en dos mantas, pero el niño seguía teniendo frío. Entonces María les pidió a los animales del establo que se acercaran, pero el bebé no podía calentarse y seguía llorando. Un *tabby* que observaba la escena se dio cuenta de que Jesús lo necesitaba, así que saltó al pesebre y se acurrucó ronroneando junto al cuerpo del bebé, que se calmó inmediatamente y se quedó dormido. Para agradecérselo, María le marcó su inicial en la frente, para que el mundo supiera que el gatito había reconfortado al hijo de Dios. El mundo musulmán también tiene una leyenda religiosa. Se dice que Mahoma tenía un *tabby* llamado Muezza. Un día, una serpiente se deslizó por la manga del profeta, pero gracias a la inmediata intervención del gato, la serpiente murió. Desde entonces, todos los *tabby* nacen con una eme en la frente para recordarle al mundo que Mahoma amaba a los gatos y que estos animales debían ser siempre respetados. Mi opinión es que la eme significa Magnífico, Maravilloso, Maestro, Miau. Pero podría estar equivocada.

Okey, tiene la M, pero ¿es un *tabby* abisinio?

Lo será siempre que el manto tenga un color con efecto sal y pimienta gracias al pelo de coloración agutí. Si observas de cerca el tronco, no tiene un único color, sino que está «fragmentado». El nombre agutí deriva del roedor sudamericano que habita las selvas tropicales de América Central y del Sur, cuyo pelaje posee esta característica. Este rompecabezas claro y oscuro rompe el esquema de las espirales de color, aunque se pueden notar algunas rayas residuales en las patas y el hocico, y a veces en la parte final de la cola, donde los círculos negros se alternan con el agutí.

... ¿O un *tabby* atigrado?

Lo será si tiene vetas verticales en los flancos y otras horizontales más oscuras en las patas y las mejillas, con posibles zonas blancas en el pecho o en los extremos de las patas. En inglés lo llaman *mackerel*, es decir, caballa, porque las rayas del pelaje recuerdan a las del pez.

... ¿O jaspeado?

Es el *tabby* más común. Para saberlo, fíjate en el dibujo del pelaje. Las ondas son entre cafés y grises oscuras o negras, y bajan en espiral por los lados. También tiene una especie de mariposa más clara de pelo agutí en los hombros y tres rayas finas que recorren el lomo, donde la del medio es más oscura. Mi Chicco es un *tabby* jaspeado.

¿Qué significa que un gato sea calicó?

El calicó no es una raza, sino una coloración particular del pelo. Estos gatos lucen manchas rojas y negras y mucho blanco. El nombre proviene de la ciudad india Calicut (o Kozhikode), que en el siglo XVI era el segundo puerto más importante para el comercio entre

Europa y la India. Allí se llevaba a cabo la elaboración de la tela de algodón, que a veces se teñía de una manera especial, llamada calicó. A principios del siglo XIX, los estadounidenses empezaron a utilizar esta palabra para designar las cosas multicolores. Hay, además, gatos *caliby*, es decir, con patrones calicó y *tabby*: estos mininos tienen el final de las patas blanco y un pelaje de colores tenues en los que se «intuye», porque están muy atenuadas, las rayas del *tabby mackerel*; para esto también se utiliza la expresión «escama de tortuga». Lo más curioso es que casi todos los calicó son hembras. Pero no por casualidad, ya que los genes de los que depende el color del manto pertenecen a los cromosomas que determinan el sexo. El gen que decide si el gatito será rojo o negro está en el cromosoma X. Cada X tiene un solo gen para el color, el rojo o el negro. Las hembras tienen la pareja de cromosomas XX, mientras que los machos solo tienen una X. De modo que esto es lo que ocurre cuando nace un gato escama de tortuga hembra: hay cromosomas X activos que contienen el gen del rojo y otros que contienen el del negro, y esta mezcla da lugar al manto multicolor de los gatos calicó. A veces, en las células se puede producir la inactivación del cromosoma X, un fenómeno que se conoce como lionización, por el apellido de la genetista inglesa Mary Lyon, que lo descubrió en 1961. Pero en los machos, que tienen un cromosoma

X y uno Y, si el X se inactiva, el gato tendrá un pelaje «no calicó» (el Y no tiene genes que determinen el color). La excepción se produce cuando el macho presenta una anomalía en su composición genética y tiene tres cromosomas, XXY, en vez de dos, XY. De esta forma, tendrá el pelo de escama de tortuga, pero las posibilidades de que sea estéril también son muy altas. Cuando nace un macho con estas características es como encontrar un trébol de cuatro hojas. Por cada tres mil gatos calicó, solo uno de ellos será macho. Los gatos escama de tortuga han pasado a la historia porque, en 1948, un investigador médico canadiense llamado Murray Llewellyn Barr descubrió, en los núcleos de las neuronas extraídas del cerebro de una gata multicolor, unas masas oscuras de forma plana y convexa que se denominaron corpúsculos de Barr. Once años después, el biólogo japonés Susumu Ohno descubrió que los corpúsculos de Barr correspondían a los cromosomas X. ¿Y los gatos rojos? En la mayoría de los casos son machos, con una proporción de 80/20.

Gatos bicolores

En términos técnicos, los gatos que son de un solo color más el blanco se denominan *piebald*, por el término piebaldismo, que indica un trastorno en la producción de melanina que crea manchas blancas (se utiliza sobre todo al hablar de personas que padecen albinismo). Los gatos que tienen pelo blanco presentan la mutación de un gen que impide la coloración del pelaje, porque no permite que los gránulos de melanina se asienten en los folículos de los que nace el pelo. Dependiendo de la distribución de la mancha de color, existen distintos patrones. Víctima de los dibujos animados de mi época, siempre he llamado Silvestre a los gatos blancos y negros. En realidad, ese tipo de manto, casi todo negro, excepto en las patas, el pecho y el vientre, se llama *tuxedo* (que es como se denomina en inglés al traje esmoquin, al que se parece ese patrón). Aunque en Gran Bretaña los llaman *Jellicle cats*, por el nombre de los gatos protagonistas del poema *El libro de los gatos habilidosos del viejo Possum* que T. S. Eliot escribió en 1939. También hay gatos bicolores con patrón «van», por el gato van turco: blancos por todas partes, excepto en las orejas, la cola y unas manchitas en el lomo. Pero también tenemos el *mask and mantle*, en el que la mancha de color se extiende desde la cabeza (forma una máscara en el hocico) y ocupa todo el lomo, incluida la cola; el *cap and saddle*, que tiene color en las orejas y la zona central, incluida la cola, y el bicolor, que parece llevar una capa porque solo los hombros y las patas son blancos.

¿Por qué los gatos se parecen entre sí y los perros no?

Hay perros tan pequeños que caben en una bolsa y otros que pesan tanto como un ser humano. Los hay con hocicos puntiagudos o redondos, con la nariz grande o pequeña, las orejas larguísimas o cortísimas, y lo mismo se puede decir de la cola o las patas. Sin embargo, en los gatos no existe esa enorme variabilidad de aspecto. Tienen el hocico más o menos chato (basta comparar el persa con el europeo), el pelo largo o corto, las orejas hacia atrás (como el *curl* americano) o hacia delante (como el *fold* escocés), pero, en comparación con los perros, las diferencias son muy pequeñas. ¿Por qué? Según la genetista estadounidense Elaine Ostrander, la respuesta hay que buscarla en el pasado, hace al menos diecinueve mil años, cuando se produjo la domesticación del perro. En aquella época, los seres humanos, que vivían en los lugares más diversos del planeta, tenían distintas necesidades: cuidar rebaños, vigilar propiedades, mover grandes pesos, cazar, etc. Por eso, llevaron a cabo los primeros cruces y selecciones para conseguir los rasgos más útiles para las más diversas funciones. En cambio, el gato se domesticó hace unos diez mil años y solo ha tenido dos funciones: la de cazador de roedores y la de tierno animal de compañía, dos papeles que cumple de forma excelente sin necesidad de «modificar» su cuerpo.

¿Los gatos totalmente blancos son sordos?

A juzgar por la falta de entusiasmo con la que los gatitos responden a nuestras llamadas, podría parecer que todos los gatos son sordos. Bromas aparte, los gatos blancos lo son casi siempre si tienen también los ojos azules, porque el gen W, que determina la sordera (al menos de un oído), también «se ocupa» del color de los ojos. Un análisis estadístico realizado en una colonia felina estadounidense mostró que el 12 % de los gatos blancos eran sordos de un oído y el 39 % lo eran de ambos. Quienes conviven con un gatito sordo (que nunca debería vivir en la calle, evidentemente), aseguran que uno se olvida enseguida de su minusvalía: sus otros sentidos están más agudizados, por lo que, en lugar de acudir al sonido de la apertura de la lata, lo hace al olor. En cualquier caso, el resultado es el mismo. ¿Y para llamarlo? Hay quienes dan golpecitos en el suelo, de forma que las vibraciones se convierten en la llamada. Siempre que el gato tenga ganas de acudir, claro.

¿Es cierto que se pueden clonar?

En mi relato *Questa è la storia di un gatto senza memoria* [Esta es la historia de un gato sin memoria], la clonación de un gato forma parte de la trama. Había leído sobre unos científicos coreanos que, además de clonar un gato, habían hecho que brillara en la oscuridad, y de ahí saqué la idea para el personaje Clò. Pero la realidad siempre supera la ficción. El primer clon que se hizo se llama Copy Cat (CC, pronunciado «sí-sí»), es una hembra y nació el 22 de diciembre de 2001. Es un *tabby* agutí y su nacimiento se anunció en la prestigiosa revista científica *Nature* en febrero del año siguiente. CC fue creada en los laboratorios de la facultad de Medicina Veterinaria de la Texas A&M University. De 87 intentos, el embrión que dio vida a CC fue el único que tuvo éxito. Ahora vive en casa de Duane Kraemer, una científica que trabajó en el proyecto. En 2006, CC se apareó de forma natural con el gato Smokey y dio a luz a cuatro gatitos en septiembre. Es la primera vez que un gato clonado se reproduce, y parece que, al menos por ahora, ni CC ni su descendencia presentan las anomalías genéticas que pueden afectar a los clones. CC es la fotocopia genética de la gata Rainbow. Pero algo no cuadra. Rainbow es una gata calicó, es decir, de tres colores, mientras que CC tiene pelaje agutí. Pero ¿no se supone que los clones son idénticos a su único progenitor? Sí y no. Para entender lo que sucedió, vamos a ver brevemente cómo funcionan la fecundación natural y la clonación. Cada una de las células de un organismo vivo tiene una zona llamada núcleo en la que se almacena el ADN (ácido desoxirribonucleico), una larga cadena de moléculas que representa el «manual de instrucciones» de cómo debe ser el organismo y de su aspecto (el pelo debe crecer a un ritmo y tener un color en concreto, el corazón debe latir, las manos deben tener cinco dedos, etc.). Las células contienen los cromosomas, que están hechos de genes, y los genes están hechos de ADN. Los seres humanos, por ejemplo, tienen veintitrés pares de cromosomas; las vacas, treinta; los gatos, diecinueve, y así sucesivamente, según la especie animal. Es fundamental que los cromosomas vayan por «pares», como los zapatos. Porque, cuando dos animales se aparean, cada cría recibe un solo conjunto de cromosomas de su madre y otro de su padre, de forma que en total recibe el número correcto de pares: por ejemplo, veintitrés cromosomas de la madre y veintitrés del padre. Es decir, veintitrés pares. Pero el padre y la madre no pueden decidir qué cromosomas le dan a su cría. Por eso, la cría puede ser macho o hembra, tener los ojos negros de la madre o los ojos verdes del padre, etc. Y por eso los hermanos pueden ser tan diferentes entre sí aunque tengan los mismos padres. ¡Todo depende de la combinación aleatoria de cromosomas! Solo los gemelos idénticos (homocigóticos) nacen con la misma combinación de genes. Por eso uno es la fotocopia genética del otro. Y ahora vamos a pasar a la clonación en laboratorio. Con la clonación animal se elimina la aleatoriedad de las combinaciones. Se hace del siguiente modo: se toma, por ejemplo, el óvulo de una vaca, se vacía de su ADN y se «rellena» con una célula completa (normalmente, de la piel) que pertenece a la vaca adulta y tiene genes de la leche excepcionales. Si el proceso sigue adelante, comienza la división celular que dará lugar a la creación del embrión, que se transferirá al útero de una vaca-madre subrogada. No hay combinaciones inesperadas: el ternero será idéntico a la vaca que donó sus cromosomas. Y ahora volvamos a CC: el hecho de que haya nacido con un pelaje diferente al de la donante se debe a la reprogramación epigenética, un fenómeno natural que se produce en el embrión antes de la implantación. Los genes que tienen que dar las instrucciones para «construir» al ser clonado son como interruptores: algunos se apagan (desactivan) o se encienden (activan) en función de la presencia de ciertas moléculas que, como notas adhesivas, se pegan a los genes (en términos técnicos, se trata de la metilación del ADN). Así, los colores de Copy Cat cambiaron. En teoría, debían ser los de la donante (escama de tortuga), pero el azar quiso que los genes que debían funcionar para dar las manchas anaranjadas se «apagaran». Esto demuestra una cosa: conseguir una copia exacta es cuestión de suerte. Además, ¿qué necesidad hay de clonar al amadísimo gato que ya no está con nosotros cuando siempre habrá otro gato al que darle todo nuestro amor? Con todo, en 2004, una mujer de Texas llamada Julie (el apellido nunca se ha revelado) pagó cincuenta mil dólares para que Genetic Savings & Clone (que ya no existe) clonara a su querido Little Nicky, un *maine coon* de diecinueve años que murió en 2003. La señora tuvo suerte, ya que el clon resultó ser idéntico, pero las asociaciones de defensa de los animales y la Humane Society (una especie de protectora de animales estadounidense) se rebelaron: ¿cuántos gatos podrían salvarse de la muerte con todo ese dinero?

Todos tenemos algo de gatito

«Asombroso» fue el adjetivo con el que los investigadores estadounidenses William Murphy, Stephen O'Brien y sus colegas del Instituto Nacional del Cáncer comentaron su descubrimiento: los cromosomas X y Y de los gatos y los seres humanos son extraordinariamente similares, como no ocurre con ningún otro mamífero, a pesar de que el último pariente en común entre las dos especies se remonta a noventa millones de años. Pero ¿qué son los cromosomas? Tenemos 46; son agregados de genes, y todos juntos forman el ADN, el «manual de instrucciones» biológico que se halla en el «corazón» de cada una de las células de todos los seres vivos. Los cromosomas X y Y determinan el sexo de una persona: en el ADN de una mujer hay dos cromosomas X, mientras que en el ADN de un hombre está el par XY. Se denominan así porque, vistos al microscopio, tienen una forma que recuerda a estas letras. Si imaginamos cada gen como una bolita de color, los cromosomas X humanos son collares con una secuencia de colores «idéntica» a la de los gatos (en el cromosoma Y hay unas ligeras diferencias). Ningún cromosoma X ni Y ha cambiado durante la evolución. ¿Por qué es tan importante este descubrimiento? La mayoría de los cromosomas X contienen genes que regulan las funciones básicas, como el metabolismo y las funciones celulares. Dado que los cromosomas sexuales de los gatos se parecen tanto a los de los seres humanos, estudiar cómo curar las enfermedades más terribles de los mininos podría ser una forma de curar también a los humanos. El investigador O'Brien señala que unas doscientas enfermedades hereditarias, como la diabetes, la hemofilia o la enfermedad de Tay-Sachs (que provoca un grave retraso mental), también se dan en los gatos. Esta extraordinaria similitud no solo puede contribuir a los estudios relacionados con las enfermedades genéticas, sino también a tratar la infertilidad masculina, tanto humana como animal, que es cada vez más preocupante. Por ejemplo, algunas especies, como la pantera de Florida (una rara subespecie de puma), el guepardo y el precioso leopardo nublado, sufren de infertilidad porque los miembros de su población, al ser cada vez menos numerosos, se ven obligados a aparearse entre sí, y, desgraciadamente, donde no hay un buen recambio genético, la enfermedad y la infertilidad avanzan de forma devastadora. Por supuesto, la infertilidad masculina humana tiene otros mecanismos desencadenantes, pero, desde un punto de vista biológico, las posibles soluciones serán las mismas. Por lo tanto, la investigación para curar a los gatos y sus parientes también será beneficiosa para los hombres de la raza humana.

¿Por qué ha pasado a la historia de la ciencia el gato Cinnamon?

Cinnamon es un precioso gato abisinio y de una gota de su sangre se extrajo el ADN que analizaron los genetistas de la Universidad de Misuri en un proyecto de investigación que costó diez millones de dólares. El genoma de Cinnamon, con sus 20 285 genes identificados, se ha convertido en el genoma felino de referencia. Cinnamon ha pasado a la historia de la biología y gracias a él se podrá entender mejor cómo funcionan las enfermedades genéticas (hay más de 250 hereditarias) que aquejan a los gatos y a los seres humanos. Averiguar qué hace que los genes muten es crucial para diseñar una terapia génica *ad hoc*, mediante la sustitución de genes enfermos por otros sanos. Por ejemplo, en el ADN de los gatos abisinios hay una mutación genética que provoca retinitis pigmentaria, una enfermedad que también causa ceguera en los seres humanos. De hecho, Cinnamon es ciego de nacimiento.

¿Quién inventó el arenero?

A veces tengo la brillante idea de tomarme una infusión relajante antes de dormir. Es lógico que, después, los riñones, al hacer su trabajo, me obliguen a levantarme por la noche. Muchas veces no me pongo las zapatillas y, cuando estoy a punto de alcanzar mi meta, me despierto de golpe: me siento como un faquir que camina sobre los picos de una alfombra invisible. Pero no hay ninguna alfombra. Son los ásperos granos de arena que Chicco esparce cada vez que entra en el arenero. ¡Ay! ¿Por qué tiene que tirar la arena por todas partes escarbando como si tuviera las patas de un dinosaurio? Me armo de paciencia y aguanto en silencio. Y aprecio el invento que revolucionó y facilitó la convivencia con los gatos. La historia comienza en la década de 1940, en casa de la señora Kay Draper, una perfecta ama de casa estadounidense. Un día, exasperada, le pidió a su vecino, el señor Edward Lowe, que le resolviera un pequeño problema: «Verá, querido señor Lowe, mi amorcito peludo me ensucia con sus patitas toda la casa y ya no sé qué hacer». En aquella época, los gatos domésticos hacían sus necesidades en cajas llenas de ceniza que se obtenía al quemar madera; y, claro, el polvo negro se les pegaba en las patas y dejaban huellas por todas partes. Así fue como a Lowe se le ocurrió regalarle un saquito de gránulos de arcilla a su vecina, y así inventó el arenero moderno. ¿Cómo se le ocurrió? Este genial empresario nació en 1920. Después de entregar cuatro años de su vida al servicio de Estados Unidos en la Marina, se dedicó al comercio de productos absorbentes para la industria, como aserrín, grava, arena y gránulos de arcilla. Y cuando la amable vecina le pidió ayuda, la idea cobró forma en su cabeza. Así, en 1947, gracias a aquella ama de casa desesperada, Lowe pensó que la arcilla podría resolver los problemas de todos los propietarios de gatos.

Preparó varios sacos de gránulos y se los ofreció a una tienda de animales de su localidad. Por supuesto, los aguafiestas están siempre al acecho, y el primer vendedor se mostró escéptico: vender por sesenta y cinco centavos (hoy serían siete dólares) un paquete de poco más de dos kilos era un robo, ¡la ceniza era mucho más barata! Pero Lowe estaba consciente del poder de su producto y le pidió que, aun así, lo expusiera en el escaparate. No hay que renunciar jamás a los sueños: la arena de arcilla fue un éxito. Los bípedos pagaron con gusto un poco más por algo que no ensuciara las patas de sus amigos felinos (ni su casa). Lowe empezó a recorrer el territorio en coche para ofrecer su producto y, poco después, fundó Edward Lowe Industries. A lo largo de los años siguió probando nuevas sustancias y en 1964 creó la marca Tidy Cat. El señor de los areneros murió en 1995. En ese momento, su negocio valía quinientos millones de dólares.

¿El gatito no se encuentra bien? Te lo dice la arena

Los gatos machos, y más raramente las hembras, padecen a menudo lo que se conoce como enfermedad del tracto urinario inferior de los felinos. Esto se traduce en que se les forman cálculos en la parte inferior de la vejiga. Estos cálculos son cristales de estruvita, un mineral compuesto por un fosfato hidratado de amonio y magnesio o, a veces, oxalato de calcio. ¿La causa? Una dieta pobre o desequilibrada que provoca una alteración del pH urinario. Cuando esto pasa, los minerales se precipitan, se aglomeran y forman unas piedras diminutas, peligrosas y dolorosas que arañan la mucosa interna y provocan hemorragias (invisibles al principio). Para detectar el trastorno a tiempo e intervenir de inmediato, una conocida empresa francesa lanzó al mercado unos gránulos, llamados Hematuria Detection, de Bluecare®, que se añaden a la arena. Si los gránulos pasan de blanco a azul, significa que hay rastros de sangre en la orina y hay que llamar al veterinario inmediatamente. Una empresa sueca ofrece también una arena cuyos gránulos amarillos se vuelven azules si el pH de la orina está alterado.

¿Cómo funciona la arena aglomerante?

Se inventó en 1989. Su ingrediente principal es la bentonita sódica, un tipo de arcilla procedente de la descomposición de las cenizas volcánicas. Su característica es que se expande en contacto con los líquidos y se vuelve «pegajosa», porque en la superficie de los gránulos hay cargas eléctricas negativas que atraen las cargas eléctricas positivas del agua. Así, el material granuloso y seco se transforma en una masa densa que aumenta su volumen hasta quince veces al atrapar el líquido. Por eso, cuando el gato orina, se forma inmediatamente una «bola» (siempre que haya una capa de arena lo suficientemente gruesa) que es fácil de recoger. La arena aglomerante no debe utilizarse con gatitos pequeños, porque estos, al igual que los bebés humanos, tienden a probarlo todo, y esta arena podría causarles daños graves al ingerirla. Además, hay que comprar arenas minerales no polvorientas. Se reconocen porque son más caras que las «clásicas» y tienen un símbolo que explica esta característica (una especie de nube tachada). El motivo es que, al escarbar, los gatos levantan polvo y lo inhalan. Con un uso prolongado, el tracto respiratorio puede sensibilizarse, lo que podría provocar tos y ataques de asma, como señaló Richard Goldstein, de la facultad de Medicina Veterinaria de la Universidad de Cornell.

¿Y la de sepiolita?

La sepiolita es un tipo de arcilla. El mineralogista alemán Ernst Friedrich Glocker le dio este nombre en 1847, porque recuerda al hueso de la sepia. También se le llama espuma de mar, porque puede verse flotando en la superficie del Mar Muerto. Es un material blanquísimo con el que se fabricaban las famosas pipas de espuma de Viena. Cuando se tritura en gránulos, absorbe los líquidos como una esponja. Por eso se usa como arena para gatos. Tiene una gran capacidad de neutralizar los olores. A diferencia de la arena aglomerante, hay que sustituirla por completo cada pocos días, porque absorbe la orina en su totalidad, la hace desaparecer, por lo que es imposible retirar solo la parte que se haya empapado.

¿Y la de gel de sílice?

En algunos envases dice que el producto es 100 % natural, pero eso no es cierto. El gel de sílice no existe en la naturaleza, sino que es el resultado de una transformación química del sílice, un compuesto de dióxido de silicio (uno de los componentes de la arena). El gel de sílice tiene la propiedad de absorber líquidos y humedad. La arena para gatos está hecha de bolitas de gel de sílice, aunque a veces los fabricantes también añaden bolitas azules: los colorantes son antocianinas, pigmentos naturales obtenidos de las plantas, y solo sirven para dar impresión de limpieza, ya que los consumidores asociamos este color con la higiene (a los detergentes se les añaden moléculas que dan a la ropa lavada reflejos azules para dar la impresión de «un blanco nuclear»). La gran ventaja de esta arena es que no produce polvo. Pero, cuidado, si tu gatito es un «excavador», esparcirá bolitas por todas partes cada vez que haga sus necesidades, y las bolas de gel de sílice saltan de un lado a otro como si fueran pelotas de *ping-pong*.

Las nuevas arenas ecológicas

Según los datos más recientes, en los hogares italianos[1] viven más de siete millones de gatos. Es algo precioso, por supuesto, pero... también supone un problema ecológico: en la basura terminan unas 350 000 toneladas de arena mineral que se utilizan para los areneros. Un impacto considerable, teniendo en cuenta que la materia prima, la bentonita, es un mineral que se extrae de canteras a cielo abierto, un método que desfigura y empobrece el paisaje. De ahí que hayan llegado al mercado arenas más ecológicas. Veamos las principales. Arena de cebada: emplea los deshechos no comestibles de la transformación

1. En 2022, España cuenta con 6.4 millones de gatos domésticos, según datos de la Asociación Nacional de Fabricantes de Alimentos para Animales de Compañía (ANFAAC). [N. de la E.]
https://www.elespanol.com/curiosidades/mascotas/espana-hay-mas-perros-gatos-preferencias-espanoles-mundo/672182912_0.html

de este cereal. Se puede eliminar en el inodoro o en el bote de la basura, porque es totalmente biodegradable. No hace polvo. Arena de fibras de madera de pino y abeto: es totalmente biodegradable. A menudo se etiqueta como «fibras vegetales no tratadas» para que las patas del gatito no entren en contacto con herbicidas y otros pesticidas. A veces se complementa con una mezcla de levadura que evita la propagación del olor. Se valora por su suavidad. Si se tira por el inodoro, hay que esperar unos instantes para que el agua la empape bien. Arena de fibra de cáñamo: es muy absorbente porque contiene semilla de cáñamo, la parte central de la planta, que posee una gran capacidad de absorber líquidos. Normalmente también se le añaden algas por su acción antifermentativa. Arena vegetal con nim (nimbo de la India): resulta ideal en zonas especialmente infestadas de insectos y mosquitos, pues contiene extracto de nim, una planta india que actúa como repelente natural e incluso funciona contra los ácaros y las bacterias. Un consejo: si decides probar una arena nueva, es mejor dejar el antiguo arenero con la arena de siempre al lado, para que tu gato pueda familiarizarse a su ritmo con el nuevo material.

¿Cómo detectar los rastros de orina en casa?

Supongamos que el macho que tienes en casa sigue «entero» (no está castrado) y que llega un momento en el que empieza a rociar orina para marcar que ese es su territorio y que cualquier hembra que pase por allí es bienvenida. Supongamos también que ya fijaste una fecha con el veterinario, después de la cual todo esto será un recuerdo lejano y tu gato volverá a ser mimoso y juguetón, libre ya de la dictadura de la testosterona. Pero queda un problema: sigue oliendo a orina y no sabes exactamente de dónde viene, de qué parte del sillón o el librero. En vez de tirarlo todo, es mejor jugar a los detectives. Tendrá que conseguir una linterna o lámpara que emita luz negra; hay muchas en el mercado, incluso pequeñas y portátiles. La luz negra o luz de Wood es la que hace que te brillen los dientes (y la caspa de la ropa) en la discoteca. Pues bien, la orina de los gatos contiene fósforo, y la luz ultravioleta que emiten estas linternas hace visible esa sustancia, además de varias proteínas. Así te será muy fácil encontrar los «recuerditos» que ha dejado el minino. Una vez resuelto el caso, si el Sherlock Holmes que llevas dentro lo desea, siempre podrás usar la lámpara para comprobar la limpieza de las sábanas del hotel.

¿Quién inventó la gatera?

Según la leyenda, la puertecilla por la que entran y salen gatos y perros fue un invento de sir Isaac Newton, el famoso científico que contribuyó al estudio de la gravedad y la luz, por nombrar solo algunos de sus logros. Dice la leyenda que el científico estaba realizando un experimento en una habitación completamente oscura para estudiar la luz, pero uno de sus gatos no paraba de abrir la puerta, interrumpiendo el delicado trabajo. Newton decidió entonces hacer un agujero en la puerta y luego cerrarla con llave. La historia es muy divertida, pero desgraciadamente no tiene ninguna fuente documentada. Actualmente también existen gateras electrónicas, que impiden la entrada de animales no deseados. Algunas se cierran magnéticamente: el gato tiene un imán en el collar y, cuando se acerca, la puerta se abre. Otras utilizan rayos infrarrojos: cuando el gato está cerca, el receptor recibe el haz de infrarrojos emitido por el collar y activa la apertura; como la frecuencia puede cambiarse, también puede adaptarse a varios animales, cada uno con su propio collar. Por último, las gateras más modernas aprovechan la tecnología RFID (identificación por radiofrecuencia), la que se utiliza para las etiquetas antirrobo de las tiendas: en lugar de pitar, la puerta solo se abre si la frecuencia es la adecuada. Una especie de «¡Ábrete, Sésamo!» para peludos.

¿Saturno? ¡Miau!

La divertida y cariñosa locura que nos une a todos no conoce fronteras ni profesiones. Hasta los científicos de la NASA han querido rendir homenaje a los animales que adoramos incondicionalmente. Y, con esto, nos vamos a Saturno. La sonda Cassini, lanzada en octubre de 1997, antes de estrellarse contra el planeta de los anillos el 15 de septiembre de 2017, reveló algo nuevo sobre el anillo F, el más misterioso. Este anillo se encuentra a unos 82 000 kilómetros de la capa exterior de la atmósfera del planeta y está repleto de pequeñas formaciones heladas y lunas: el ojo electrónico de la sonda contó nada menos que sesenta. Pues bien, los científicos de la NASA han decidido llamar a estas pequeñas formaciones *kittens* (gatitos) y algunas incluso tienen nombre: Fluffy, Garfield, Socks y Whiskers. No son sus nombres oficiales: los que aparecen en los libros son mucho más aburridos (Alpha Leonis Rev 9, etc.).

Esa carita

Cuando el gatito nos mira con los ojos semicerrados cargados de sueño, cuando los abre de par en par porque oye el sonido de la lata al abrirse o cuando levanta los labios superiores para olfatear algo que... solo él oye, cada movimiento de su rostro, por imperceptible o evidente que sea, está gobernado por diferentes músculos, igual que el nuestro. Existe un «catálogo» científico que clasifica todos los músculos de la cara y cada una de sus funciones: es el sistema de codificación de la acción facial, y lo desarrollaron los académicos Paul Ekman y Wallace Friesen en 1978 para estudiar las expresiones humanas. Luego se adaptó para otras especies, como los chimpancés y los macacos. Hoy, gracias a las investigadoras de la Universidad de Portsmouth, Bridget Waller, profesora de Psicología Evolutiva y la bióloga ambiental Cátia Caeiro, este sofisticado sistema de investigación se aplicó a los gatos, con lo que se ha convertido en un gran manual de investigación (CatFACS). En cada capítulo se recogen dibujos, descripciones, fotos y videos para captar mejor las características de los movimientos faciales felinos. Las investigadoras hacen hincapié en que el manual no es un etograma de expresiones faciales felinas (un catálogo que asocia cada expresión muscular con un comportamiento natural), ni mucho menos una lista de emociones felinas codificadas. En realidad, se trata de una herramienta que analiza con detalle todas las posibles expresiones faciales del gato doméstico, sin suposiciones *a priori*. De este modo, puede convertirse en una herramienta útil para que la investigación de base estudie cómo se comunican los gatos con nosotros y cómo han evolucionado al hacerlo. Encontrarás más información en <www.cat facs.com>.

Informe de la pancita

Ya habrás oído hablar de la microbiota, el conjunto de todos los microorganismos que habitan el tracto gastrointestinal de los mamíferos e incluye bacterias, virus, hongos y protozoos. Está formada por cientos de especies bacterianas diferentes, ¡unas diez veces el número de células del huésped! El equilibrio de este ambiente es crucial, ya que estos microorganismos son responsables de muchas cosas, como ciertas funciones metabólicas, mecanismos de defensa contra los patógenos y procesos digestivos. Algunos estudios hasta relacionan la alteración del equilibrio de la microbiota con patologías mentales, como la ansiedad y la depresión. En resumen, su equilibrio es fundamental para nuestra salud. Y también para la de nuestros gatos. Daniela Olivero, veterinaria de Milán, me explicó que, en los gatitos de pocas semanas, la microbiota está formada principalmente por bacterias del filo *Firmicutes* con un pequeño porcentaje de *Actinobacterias*, *Bacteroidetes* y *Proteobacterias*. Más adelante, la microbiota de los gatos adultos se estabiliza y adquiere más *Bacteroidetes* y *Fusobacterias*. Además, se ve influida principalmente por la cantidad de fibra y proteína de la dieta, pero también por el entorno en el que viven. Y, efectivamente, los gatos comparten muchas de sus bacterias intestinales con sus bípedos.

Los análisis de microbiota, que se realizan gracias a las técnicas de biología molecular más avanzadas, pueden salvar la vida de un gatito. Dado que la disentería es una de las causas más frecuentes de visita al veterinario de los gatos domésticos, y es bastante peligrosa cuando se vuelve crónica porque provoca un desequilibrio en el sistema inmunitario, puede ser útil realizar un examen de la microbiota para saber cómo intervenir. Para realizar el análisis, solo hay que recoger unos dos gramos de heces recién depositadas y colocarlas en un tubo de ensayo especial que contiene una sustancia que conserva el ADN bacteriano. Así tratadas, las heces pueden almacenarse a temperatura ambiente durante dos años. El análisis metagenómico de las heces dura entre diez y quince días aproximadamente; es un examen técnicamente largo y complicado. Los datos cuantitativos obtenidos, que identifican los porcentajes de cada especie bacteriana, se someten después al análisis del veterinario especialista en gastroenterología o nutrición, que actuará en consecuencia intentando devolver el equilibrio entre las distintas especies bacterianas, ya sea introducien-do cambios sustanciales en la dieta (reduciendo o aumentando la proporción de proteínas o carbohidra-tos) o administrando prebióticos o probióticos.

Sus
supersentidos
(y también los extra)

¿Comida fría?
¡No, gracias!

Nunca hay que darle al gato comida recién sacada del refrigerador, porque el frío amortigua el sabor y el alimento puede parecer poco apetecible. Pero no estamos hablando de un capricho. En comparación con el del ser humano, el sentido del gusto del gato es más débil. Nosotros tenemos unas 9 000 papilas gustativas en la lengua, mientras que él solo tiene 470. Naturalmente, el gato lo compensa con un olfato excepcional, con el que puede decidir rechazar la comida sin haberla probado siquiera. ¿Qué podemos hacer? En primer lugar, evita los comederos de plástico, ya que no son saludables y pueden dar un sabor extraño a los alimentos; en segundo, no dejes la carne en el recipiente más de veinte minutos, para que no se contamine con bacterias y empiece a estropearse, y, por último, no olvides que los parientes feroces de tu pequeño felino comen carne recién cazada y, por tanto, aún caliente, por lo que lo ideal es que la comida se sirva a 35 grados, es decir, a la temperatura que tendría una presa recién cazada. Y, quién sabe, la temperatura adecuada a lo mejor convence hasta al gatito más rutinario a probar un nuevo menú.

¿Notan el sabor dulce?

Los libros dicen que no, aunque Chicco y muchos otros mininos demuestran lo contrario. Lo vuelven loco el *pandoro* y el yogur de almendras, mientras que el gato de mi veterinaria no puede resistirse a la crema pastelera. Por supuesto, solo toman bocaditos y muy de vez en cuando, porque la azúcar es malísima para los felinos. En cualquier caso, esta pasión por los dulces va un poco en contra de lo que dice la ciencia. Según diversas investigaciones, la naturaleza es experta en el ahorro: la evolución se asegura de eliminar todo lo innecesario. Por ejemplo, los animales que obtienen su energía de las proteínas (como los gatos, las hienas o los leones marinos), y no de los carbohidratos, como hacemos nosotros, no necesitan probar el azúcar, por lo que no hay genes en su ADN que les permitan saborear los dulces. Pero esto será en teoría, porque, si no, ¿cómo se explica que algunos gatos se vuelvan locos por la crema pastelera? En realidad, algo ha quedado. La lengua de la mayoría de los mamíferos está cubierta de receptores, es decir, de proteínas que, como hilos de hierba, brotan de la superficie de las células que forman las papilas gustativas. La lengua del gato contiene unas 470 papilas que albergan varios receptores gustativos. Los seres humanos tenemos unas 9 000, y los perros, 1 706. Cada receptor es como un foco que solo se enciende cuando se presiona el interruptor adecuado; así, los receptores de los azúcares solo se encienden cuando comemos alimentos dulces. A partir de ese momento, se inicia una cascada de reacciones químicas dentro de la célula, que envía la señal de «comida dulce» al cerebro. Los receptores se renuevan periódicamente y se construyen por orden de los genes, los trocitos de ADN que se encuentran en el núcleo de las células. Así, para percibir el sabor dulce se necesitan dos pares de receptores generados por dos genes diferentes, llamados Tas1r2 y Tas1r3. Pero al gato le falta el Tas1r2. Es el único animal que tiene este «defecto». En este sentido, los científicos sospechan que nuestro peludo amigo solo percibe el azúcar de los alimentos cuando está muy concentrado, y lo hace mediante el único receptor que le queda, el producido por el gen Tas1r3; o, tal vez, especulan los investigadores, el gato aprecia los helados, pasteles y otras golosinas por la grasa que contienen las proteínas de la leche, o incluso puede que le gusten ciertos alimentos dulces por su textura. Total, que todavía queda un pequeño misterio por resolver.

Ese toque de ATP

Los receptores gustativos de la lengua humana son sensibles a varios sabores: dulce, salado, amargo, ácido y umami. La denominación de este último es una palabra japonesa que significa «sabor agradable y delicioso», y corresponde al aminoácido glutamato (ácido glutámico). Lo percibimos en el queso parmesano y en los platos típicos chinos. Algunos expertos creen que debería añadirse el sabor «graso». Pues bien, los gatos son capaces de percibir sabores «invisibles» para nuestras papilas gustativas, como el del trifosfato de adenosina (ATP). Según una investigación realizada por Joe Brand, del Monell Chemical Senses Center de Filadelfia, esta compleja molécula, que sirve para suministrar energía a las células, estimula en la lengua de los gatos un sabor preciso que les permite identificar la carne. Los gatos detectan sabores que son imperceptibles para nosotros.

¿Por qué se dice que los gatos son carnívoros estrictos?

Seguramente tendrás algún amigo que haya seguido la dieta Dukan: una avalancha de proteínas de la mañana a la noche. En cierto modo, podemos decir que el famoso médico francés Pierre Dukan trata a sus «pacientes» como si fueran gatos. De hecho, nuestros queridos compañeros no extraen la energía de los carbohidratos (pan, pasta, azúcar, cereales, etc.) como nosotros, sino de las proteínas. Sin embargo, si las células de los gatos, al igual que las nuestras, necesitan también para funcionar el carbohidrato llamado glucosa, cuyos niveles en sangre deben permanecer constantes, ¿de dónde lo obtienen? De la proteína de la carne. En su hígado se produce una reacción química, llamada gluconeogénesis, que descompone las proteínas y las convierte en glucosa, la forma más simple de azúcar. Los gatos no pueden obtener glucosa procesando carbohidratos porque no tienen la enzima necesaria, la glucoquinasa. Cuando ingieren carbohidratos, el organismo utiliza con ellos otra enzima, llamada hexoquinasa, pero, como no es muy eficiente en el procesamiento, los carbohidratos acaban almacenándose como grasa. Por lo tanto, no tiene sentido alimentarlos con grandes dosis de arroz, pasta o cereales: los gatos son carnívoros estrictos, y solo necesitan cantidades muy pequeñas de carbohidratos, equivalentes a las que pueden encontrarse en el estómago de una presa. De hecho, la fuente de fibra y carbohidratos de los gatos salvajes es precisamente lo que encuentran en los estómagos de los animales que cazan. Por otra parte, en la dieta de nuestros gatitos nunca debe faltar la taurina, una proteína que se encuentra en la carne y que es esencial para el correcto desarrollo y funcionamiento del cerebro, los ojos y los músculos. Por desgracia, al cocinar la carne, la mayor parte del contenido de taurina se destruye, por lo que existen suplementos y algunas empresas de alimentos envasados para gatos la añaden a sus productos.

¿Por qué se comen los elásticos?

Y no solo eso, también las cintas de plástico que se usan para cerrar las bolsas de basura, los hilos de coser y muchos otros objetos pequeños, blandos y finos. A veces, a los gatos simplemente les gusta masticar esas cosas porque la textura les resulta agradable, pero, en otros, el motivo puede ser una reacción al estrés: quizás el gatito se sienta abandonado, aburrido o deprimido. Lo mejor es hablarlo con el veterinario.

¿Por qué son tan caprichosos con la comida?

Un día Chicco se vuelve loco por el pollo hervido que le cocino con mucho cariño añadiéndole una rodaja de zanahoria para asegurarle algo de fibra, y al día siguiente no lo quiere o, peor aún, lo mira con asco. Un día se pone a comer atún claro como si no hubiera un mañana, y por la noche lo olfatea como si fuera la primera vez que se encuentra «esa cosa» en el comedero y se va, dispuesto a ayunar antes que comérselo. Entonces pruebo con el pavo frito en la sartén, que tiene que estar buenísimo, a juzgar por el entusiasmo con el que se lanza sobre el comedero, pero la siguiente vez que se lo pongo se convierte en una cosa horrible y apestosa a la que ni siquiera se acerca. ¿Por qué los gatos son tan caprichosos? Suponiendo que se trate de comida fresca y de calidad, servida en un lugar tranquilo y lejos del arenero (¿te gustaría comer sentado en el inodoro?), hay que tener en cuenta que los gatos son depredadores, y un depredador no come siempre la misma presa. Un día puede ser una jugosa paloma y otro, un ratón. Y como el felino salvaje que llevan dentro está siempre «despierto», algunos gatos prefieren que la comida vaya cambiando. A otros, en cambio, les gusta hacer varias comidas pequeñas a lo largo del día, en

vez de dos o tres comidas principales. Pero planteárselo como un reto es una batalla perdida. Si al gato
no le gusta algo, no se lo comerá aunque esté muerto
de hambre.

¿Es peligroso que Miau se coma la comida de Guau?

Si ocurre de vez en cuando, por accidente, no pasa
nada, pero los gatos deben comer alimentos diseñados
para sus necesidades, que son muy distintas a las de
los perros. Estos últimos son omnívoros, y obtienen
sus nutrientes tanto de la carne como de los vegetales,
mientras que los gatos son carnívoros estrictos, y la
comida para perros no proporciona una cantidad suficiente de proteínas. Las proteínas animales están formadas por veintitrés tipos de aminoácidos, y el gato
no puede sintetizar once de ellas (es decir, ingerirlas
del alimento «de base» y luego construirlas de forma
autónoma), sino que debe tomarlas de la comida para
mantenerse sano. Entre estos aminoácidos se encuentra la taurina, que algunos fabricantes de alimentos
preparados añaden a la comida. En cambio, la taurina
no se añade a la comida para perros, porque el organismo del perro es capaz de fabricarla por sí mismo.
La cantidad diaria de grasa que necesitan también es

muy diferente: 22.5 gramos para los gatos, 13.8 gramos para los perros. Además, los perros necesitan menores cantidades de vitaminas del grupo B, incluidas la niacina y la tiamina, y menos ácido fólico que los gatos.

¿Por qué se comen las plantas de casa?

Hace muchos años que renuncié a tener plantas en casa. Siempre estaban destrozadas y rara vez sobrevivían al estrés de convivir con un felino que les mordisqueaba regularmente las hojas. Este comportamiento puede parecer extraño. Si los gatos son carnívoros, ¿de dónde viene esta pasión por las plantas? Podría ser simplemente divertido, porque las hojas se mueven y parecen juguetes para morder; y si, además, el gato es pequeño, suele hacer lo mismo que los niños, meterse objetos en la boca para «explorarlos». También podría ser una cuestión de instinto, pues saben que comer hierba ayuda a limpiar el estómago de bolas de pelo mediante el estímulo del vómito. Pero la razón real e inequívoca aún no se conoce. El verdadero problema es que algunas plantas pueden ser venenosas para los gatos, a los que no hay que regañar ni castigar cuando se acercan a las macetas: son las plantas las que hay que poner absolutamente fuera de su alcance. Entre las más tóxicas están el lirio, la azalea, el narciso, la adelfa y el ciclamen. La lista completa se recoge en la página web de la protectora de animales de Milán (<www.enpamilano.org>).[1]

Slap, slap, slap: ¿cómo beben?

¿Te has dado cuenta de que los gatos nunca derraman el agua fuera del cuenco cuando beben? Esto se debe a su forma de mover la lengua. Lo descubrieron unos físicos estadounidenses del Instituto Tecnológico de Massachusetts (MIT), Virginia Tech y la Universidad de Princeton después de ver unas imágenes de alta resolución: la pequeña lengua rugosa de los gatos está hecha para desafiar la fuerza de la gravedad. El gato combate (denodadamente, pero siempre con gracia y elegancia) contra el peso del agua que tiene que levantar y la tensión superficial, es decir, la fuerza que mantiene el agua unida actuando como una película envolvente. Con la punta de la lengua, el gato altera la superficie: al levantar microcolumnas de líquido, rompe la tensión superficial y en el momento justo «muerde» el chorro de agua y se lo traga. Todo ello

1. Podrás encontrar un listado bastante completo en español en la página web «Cosas de gatos»: <https://www.cosasdegatos.es/enfermedades-salud-gatos/40-plantas-comunes-toxicas-gatos>. [N. de la T.]

a una velocidad increíble: cuatro veces por segundo, un ritmo demasiado rápido para que podamos verlo a simple vista. Y no se traga el agua inmediatamente, sino después de cuatro o cinco lamidas. Si quieres ver el video en cámara lenta que puso a nuestra disposición el MIT, lo puedes encontrar en: <www.youtube.com/watch?v=BlhaGk0i4Q8>.

¡Una superlengua!

¿Alguna vez te ha lamido un gato? Habrás notado que tienen la lengua muy áspera. A una gata que tuve hace mucho tiempo le gustaba dar «besitos» en los párpados, donde la piel es tan fina que sus caricias eran… una tortura. Pero ¿cómo es la lengua del gato? Los descubrimientos más recientes y sorprendentes llevan la firma de la investigadora Alexis Noel, que, además de ser una amante de los gatos, trabaja en uno de los laboratorios de bioingeniería del Instituto Tecnológico de Georgia. La científica ha contado que la inspiración para su trabajo le llegó cuando «rescató» a su gato de una manta de lana. El gatito se estaba limpiando el pelaje y de pronto su lengua se quedó pegada a la manta en la que estaba cómodamente acurrucado. ¿Por qué le costaba tanto soltarse? Para intentar entenderlo, Noel comenzó a hacer grabaciones en alta resolución de otros gatos durante el acicalamiento, es decir, durante las sesiones de limpieza, y no solo del pelo. También se puso de acuerdo con algunos veterinarios, que le mandaron lenguas de gatos y otros felinos que habían muerto por enfermedad o accidente. Al observarlas con el microscopio electrónico, descubrió nuevas características. Ya se sabía que las papilas (formadas por gránulos de queratina, la misma sustancia de las uñas y el pelo) cubren la lengua de los gatos y la hacen muy áspera, porque tienen que «enganchar» el pelo muerto y la suciedad. Su forma de gancho es perfecta para eso, pero la verdadera sorpresa fue descubrir que este gancho no es compacto, sino hueco, como una cuchara curva. Durante la limpieza, esas cavidades se llenan de saliva, que se distribuye hasta la piel. ¿Y por qué es importante la saliva? Porque sirve para bajar la temperatura del cuerpo al mismo tiempo que se aprovechan sus propiedades desinfectantes. Y eso no es todo. Las papilas-gancho están giradas hacia la garganta, y por eso los gatos no pueden evitar tragarse el pelo: en cuanto el gatito presiona la lengua contra el paladar, el pelo se desprende y se desliza hacia abajo. Los científicos han visto en este mecanismo una oportunidad para mejorar los cepillos. Piensa en lo difícil que suele ser limpiarlos. Cambiando la forma de las cerdas, se podría facilitar su limpieza. Noel ya ha experimentado con ello imprimiendo en 3D un cepillo de silicona que reproduce la lengua de un gato a una escala de cuatrocientos por ciento. Esta innovación también podría modificarse y usarse para crear dispositivos especiales de limpieza de heridas en el ámbito médico.

¿Su saliva es desinfectante?

Sí. Cuando se cortan, a veces jugando de forma brusca, se pasan cuidadosamente la lengua por la herida: su rugosidad permite una limpieza profunda mientras que la saliva actúa como desinfectante. El líquido contiene varios compuestos antibacterianos, como la enzima lisozima (que también se encuentra en las lágrimas y la clara de huevo, y la industria alimentaria utiliza como conservante) y la proteína lactoferrina (que se encuentra principalmente en la leche). También contiene rastros de opiorfina, una sustancia que descubrieron en 2006 unos investigadores franceses del Instituto Pasteur de París: sus efectos analgésicos son seis veces más potentes que los de la morfina. Prácticamente, cuando los gatitos se lamen una herida, están utilizando un verdadero botiquín de primeros auxilios (y sin necesidad de banditas pegajosas).

¿Por qué se tragan la comida entera?

En realidad, la mastican, pero de una manera diferente a la nuestra. El gato adulto tiene treinta dientes: doce incisivos muy pequeños, que utilizan para arrancar la carne de los huesos o agarrar objetos (como presas y cachorros); cuatro caninos a modo de «colmillos», para matar a las presas penetrando en el cuello a fin de romper la columna vertebral, y diez premolares y cuatro molares con los que cortan los trozos grandes de carne para hacerlos más pequeños antes de tragarlos. En general, si los gatos domésticos comen croquetas o trozos de carne muy pequeños, no necesitan reducir su tamaño, por lo que se tragan la comida entera. Pero siempre hay excepciones en las que los gatitos trituran los trocitos de croquetas. Chicco siempre lo hace y esparce muchas migajas alrededor del comedero.

Snif, ¿qué es eso?

Y un buen día llega ese momento de la vida de un bípedo en el que necesitaría la intuición de Arquímedes, la habilidad del mago Houdini y la suerte del pato Donald: tiene que darle una pastilla al gato. Ningún gatito se dejará engañar por el microscópico trozo de pastilla que escondimos en un cuadrito de jamón ahumado, cuyo olor no se nos va de los dedos ni después de lavarlos con el mejor detergente «desengrasante ultra». El soberano peludo se acercará y se comerá todos los trozos de jamón, menos el de la pastilla. Los gatos tienen un sentido del olfato increíble y todo su mundo se basa en él. Cuando volvemos a casa después de ir al súper, el gato olfatea las bolsas para examinarlas. Ni un forense es tan escrupuloso. Si el arenero está sucio, el desagradable olor puede hacer que orine fuera. Si el comedero está cerca del arenero, quizá no coma. Si vives con una pareja de gatos y un día tienes que llevar a uno de ellos al veterinario para que lo operen, al volver a casa el otro le bufará: no lo reconoce, porque el olor del desinfectante cubre el de su compañero. Para los gatos, el mundo es una sinfonía de olores, más que de imágenes, porque su sentido del olfato está muy desarrollado. Veamos cómo funciona. Cuando el aire entra en las fosas nasales, parte de él choca con el epitelio olfatorio, una zona profunda de unos veinte centímetros cuadrados (en los humanos, diez) que contiene los receptores y las glándulas que producen la mucosidad. El moco es una sustancia acuosa en la que se disuelven las moléculas olorosas para que los receptores las absorban mejor. Tienen unos doscientos millones de receptores (los seres humanos, cinco millones) y son neuronas que salen directamente de una región del cerebro llamada bulbo olfatorio. Como un pulpo que extiende sus ten-táculos, el bulbo se ramifica con sus neuronas, lo que lo convierte en la única parte del cerebro en contacto con el aire. Cada neurona olfatoria está formada por un cuerpo central, termina en diminutos filamentos llamados cilios y en su superficie se encuentran las proteínas que fijan las moléculas olorosas. Por ejemplo, el olor de la carne, el que más gusta a los felinos, se debe al compuesto volátil 4-hidroxi-5-metil-3(2H)-furano-na. Cuando este se fija al receptor, se inicia una cascada de reacciones químicas que da lugar a un impulso eléc-trico dirigido al bulbo, donde se procesa la información: comida. El excepcional sentido del olfato, junto con el del oído, también hace que los gatos puedan distinguir entre machos y hembras sin necesidad de ir a meter la nariz en ese incómodo lugar como hacen los perros. La clase felina no tiene parangón.

Olor de madre y mucho más

Cuando son recién nacidos, los gatitos son ciegos, pero ya tienen el sentido del olfato totalmente desa-rrollado y reconocen la presencia de su madre por el olor. Las glándulas situadas cerca del pezón producen feromonas. Estas moléculas son como un «documen-to de identidad» oloroso que indica el sexo del gatito, su edad y su estado emocional y fisiológico. La diferencia con las moléculas olorosas normales es que las feromonas son «mensajes» que afectan al gatito que las inhala modificando su comportamiento, sus emociones y su estado hormonal. Así, cuando el gatito huele a su mamá, se siente inmediatamente tranquilo, reconfortado por su presencia. Pero no solo existen las feromonas que produce la madre para asegurar el apego con sus gatitos, sino también las que desprenden los gatos adultos durante su vida diaria. Pueden ser las de una gata preparada para el apareamiento, las del miedo que libera un gatito encerrado en una transporadora de camino al veterinario o las que «frota» con sus mejillas en los muebles y en los bípedos para recalcar que todo es suyo y debe tener su olor. Son muchas las glándulas que producen las feromonas y se hallan repartidas por casi todo el cuerpo del gato: además de en la piel y las mucosas, también están alrededor de la boca, en las mejillas, entre las almohadillas de las patas y en la base de la cola y de las orejas; normalmente, el buen olor a gato es muy intenso en la base de las orejas, y hay quienes están dispuestos a jurar que su felino huele a muñeco, a caramelo, a algodón de azúcar, a bizcocho, etc. No son sugestiones. Tanto es así que una empresa estadounidense ha creado, tras quince años de intentos, el Kitten Fur, un perfume que, según los fabricantes, recuerda el olor de las crías de gato, ese aroma irresistible que tienen detrás de las orejas. Existen diferentes feromonas para transmitir diferentes mensajes. Por ejemplo, las que produce un gato asustado salen de las glándulas ubicadas entre las yemas de los dedos; las que sirven para comunicar al mundo la posesión de una zona (como la casa) se producen por la zona de las mejillas y las que comunican el sexo se encuentran en la orina. Volviendo a los cachorros, tienen un sentido del olfato tan desarrollado que incluso reconocen la diferencia de olor entre los pezones y a veces acaban prefiriendo uno en particular, del que siempre intentarán alimentarse. ¿Y los seres humanos? Todavía no hay certeza sobre la existencia de ninguna feromona. Para poder captarlas, es necesario tener un órgano llamado vomeronasal o de Jacobson. Evidentemente, los gatos lo tienen, mientras que en los seres humanos, al menos por ahora, no hay rastro de él. Pero la investigación continúa: imagina el rotundo éxito que podría tener un perfume de feromonas masculinas o femeninas...

¿Por qué se quedan con el hocico abierto?

A veces pasa. El gato olfatea la esquina del sillón donde se afiló las uñas el día anterior o acerca la nariz a la cola de su compañero de juegos y... se queda con la boca abierta, levantando un poco el labio superior. Los gatos abren la boca porque tienen que canalizar con la lengua el aire cargado de olores hacia el paladar, donde hay unas pequeñas aberturas que conducen al órgano de Jacobson. Este órgano tiene la forma alargada de una pequeña alubia, está situado en el paladar duro, detrás de los dientes superiores, y está conectado a la boca por un pequeño canal que se abre detrás de los incisivos. De este modo, los olores son captados por las células especializadas que cubren el órgano de Jacobson, que envía el mensaje de olor directamente al cerebro de forma intensa y precisa. En cuanto entran las partículas, se unen a los receptores, y de ahí parte el impulso eléctrico que, a través de una red de nervios, llega al hipotálamo, la región del cerebro situada entre los dos hemisferios cerebrales que regula, entre otras cosas, el apetito y los estímulos emocionales. El órgano lleva el nombre del anatomista danés Ludvig Levin Jacobson, que lo identificó en 1811. A veces también se dice que los gatos tienen el reflejo de Flehmen, de la palabra alemana que significa «mostrar los dientes superiores».

¿Por qué tienen la nariz húmeda?

Cuando Chicco quiere despertarme delicadamente, me roza la mejilla con la nariz, que es como un trocito de hielo. En realidad, no me está tocando con la nariz, sino con el rinario. Como ocurre con muchos animales macrosmáticos (los que tienen un sentido del olfato muy desarrollado), el rinario o trufa es una zona de piel húmeda, sin pelo y de aspecto «granuloso» a la que solemos llamar nariz, cuando en realidad solo es su parte más prominente. La línea vertical que lo divide en dos se llama prolabio. El hecho de que esté húmedo sirve para que el gato capte mejor los olores: las moléculas de agua que forman la capa de humedad atraen eléctricamente las moléculas olorosas en mayor cantidad (no es casualidad que nuestra nariz por dentro también esté húmeda). El movimiento del aire también se percibe más fácilmente gracias a la humedad y, por eso, cuando tenemos la piel húmeda, como cuando acabamos de salir de bañarnos, notamos enseguida cualquier corriente de aire. Pero no todas las trufas son húmedas: en los elefantes, por ejemplo, la trompa es gruesa porque es un órgano que usan para agarrar objetos, mientras que en las especies excavadoras, como los topos, la nariz está seca y tiene forma de cuña para ayudarles a perforar el suelo.

Cuando lanzo una galletita por el pasillo para simular un juego de caza, Chicco sigue la dirección del sabroso bocado con la mirada, pero cuando se acerca y ya está a unos pocos centímetros, solo consigue encontrarlo después de olfatear el rastro en el suelo. La nariz es el órgano sensorial más importante para sondear el entorno.

¿Por qué huele tan mal la orina de un gato macho no castrado?

Cuando Chicco empezó a dejar una orina tremendamente apestosa en el arenero, el veterinario me dijo que había alcanzado la madurez sexual (ya tenía un año y medio). ¿Por qué en ese preciso momento? Probablemente había alguna gatita paseándose por la calle en busca de compañía, lo que estimuló una tormenta hormonal en mi (inocente) gato, que luego no dudó en seguir su instinto y dejó rastros a su paso por el armario y el sillón (que tuve que tirar). Ese olor tan fuerte y penetrante se debe a una sustancia llamada felinina, que se secreta bajo el estímulo de la testosterona. La felinina por sí misma es inodora para el ser humano, pero en cuanto sale del cuerpo del gatito, la molécula se descompone y se convierte en una feromona, es decir, un atrayente sexual con un olor característico. Después de la castración (que consiste en la extirpación de los testículos), el macho deja de marcar el territorio, pero puede seguir utilizando la misma técnica para dejar claro que él es el jefe. Una amiga mía, por ejemplo, tuvo que lavar docenas de veces la ropa antes de que su gato castrado aceptara a su nuevo novio: por la mañana, cuando los bípedos se iban a trabajar, saltaba a la cama y se orinaba en el lado en el que había dormido el humano.

¿Los gatos sudan?

Los días más calurosos percibimos cómo sudamos por cada centímetro de la piel, ya que los seres humanos tenemos glándulas sudoríparas por todas partes. En cambio, los gatos solo tienen estas glándulas en la zona de las almohadillas. Por eso, cuando hace mucho calor pueden empezar a jadear con la boca abierta (aunque este comportamiento suele estar más relacionado con un ataque de estrés) o a lamerse el pelaje continuamente: así intentan bajar su temperatura corporal. Si nuestros gatitos tienen calor, tenderán a esconderse durante el día en los lugares más oscuros (y, por tanto, más frescos) de la casa. Si vemos que el gato tiene mucho mucho calor, podemos mojarnos las manos y acariciarlo (siempre que después no salga y se exponga a la luz directa del sol, pues correría el riesgo de quemarse). Al igual que los seres humanos empezamos a sudar profusamente cuando estamos nerviosos o estresados, los gatos asustados también sudan más. La próxima vez que lleves a vuestro pequeño peludo al veterinario, fíjate en la superficie de la mesa de acero y verás el rastro húmedo de sus huellas.

¿Las almohadillas son sensibles a la temperatura?

Sí, mucho. Los científicos han descubierto que los receptores situados en las almohadillas y sus alrededores pueden percibir una diferencia de temperatura de tan solo un grado. Lo averiguaron con un sencillo experimento: colocaron a los gatos en una especie de laberinto en forma de T, en el que las dos ramas tenían temperaturas que solo variaban de un grado (25 °C y 26 °C). El más «fresco» era el único que conducía a la comida y, cuando se dieron cuenta, los gatos fueron capaces de seguir el camino correcto. Los científicos se asombraron del resultado porque se creía que la sensibilidad no era tan alta; sin embargo, es igual a la de las manos de los primates.

¿Patas o manos?

De vez en cuando inspecciono las yemas de los dedos de Chicco. Me acerco cuando está relajado y soñoliento y, masajeando suavemente las almohadillas, intento palpar si hay algún cuerpo extraño (normalmente tiene algún granito de arena) y me aseguro de que no tenga cortes ni otras anomalías. Hay que realizar esta pequeña inspección con regularidad, porque los gatos utilizan mucho las patas. Cuando Chicco agarra algo es como ver unas manitas en acción: los dedos se doblan alrededor del objeto y las garras no siempre salen para ayudar en la tarea. Fíjate cuando se estiran para agarrar un juguete o un trozo de comida: la pata se abre como un abanico y luego las falanges se doblan para formar un pequeño puño. Y son tan hábiles que pueden «pescar» del comedero un grano cada vez o sacar una sola uña para despertar al bípedo por la mañana (esta es la técnica favorita de Chicco, tocarme así la nariz). Los gatos poseen una excelente destreza manual porque la zona del cerebro que se encarga de los movimientos es densa en neuronas y, por tanto, está muy conectada, por lo que pueden hacer cosas que los perros y otros cuadrúpedos no pueden.

¿Por qué se ponen nerviosos después de unas cuantas caricias?

A los gatos les encanta que los acaricien, pero dónde, cuándo y cómo lo deciden ellos. Tienen una piel muy sensible. Los receptores del sentido del tacto, es decir, las estructuras que permiten sentir la temperatura, la presión y las vibraciones, están distribuidos por todo el cuerpo. Cada vez que les llega un estímulo, los receptores situados bajo la piel se activan y envían una señal eléctrica a lo largo de los nervios a los que están conectados. Estos nervios, al igual que los cables de cobre que conducen la electricidad en las casas, envían la señal a la columna vertebral y desde allí el impulso llega al cerebro. Así el gatito siente las caricias, el frío de un día de invierno o el suave calor que le ofrece nuestro suéter. Cada pelo ahonda su raíz en un folículo, que a su vez contiene un mecanorreceptor, es decir, el extremo de un nervio que envuelve la base del pelo y se «activa» cada vez que este se mueve. En cada milímetro cuadrado puede haber hasta doscientos pelos. Por eso las caricias son agradables, pero a la larga pueden molestarle. Si las sensaciones táctiles son demasiadas, le inducen un estado de sobreestimulación que lo irrita. Cada gato tiene, naturalmente, su propio ritmo: algunos se cansan después de unas cuantas caricias, mientras que otros se dejan hacer mimos durante horas. De todas formas, siempre envían señales antes de morder, como diciendo: «Eh, humano, te lo advertí». Mueven la cola con nerviosismo, dilatan las pupilas, bajan las orejas y a veces emiten una especie de gruñido amenazante; y si no lo entendemos, la mordida nos la buscamos nosotros solos. Si no les gusta que les acaricien el lomo, no te des por vencido: podría haber otros sitios donde sí les guste, como debajo de la barbilla o detrás de las orejas. Somos nosotros quienes tenemos que encontrar dónde les gusta más.

El mundo en el hocico

Los bigotes (o vibrisas, del latín *vibrare*) son sensores muy especiales. No se trata simplemente de pelos más gruesos y menos flexibles, sino de estructuras especializadas capaces de percibir pequeñas corrientes de aire, así como cambios en la presión atmosférica y la temperatura. Como un radar, captan, por ejemplo, los diminutos vórtices de aire que se forman alrededor de los objetos de una habitación, con lo que el gato logra construir un «mapa» mental del entorno, incluso en la más completa oscuridad. Las vibrisas están hechas de queratina, como el pelo, pero se diferencian de él en que nacen y crecen a una profundidad tres veces mayor que un pelo normal. Además, los genera un folículo especial, es decir, una zona de la epidermis con forma de saco al que se adhiere una red de capilares y de cien a doscientas terminaciones nerviosas muy finas que envían señales al nervio trigémino y, de este, al cerebro. Por eso, hasta el más leve movimiento de la vibrisa es capaz de estimular una sensación. Las vibrisas suelen estar dispuestas en cuatro filas en la zona más prominente de la mejilla (un total de doce en cada lado), pero también hay vibrisas encima de los ojos e incluso en la parte posterior de las patas delanteras. Estas últimas sirven para «percibir» el cuerpo de la presa cuando la inmoviliza con ellas.

¿Por qué se mueven los bigotes?

¿Te has fijado en que, cuando los gatitos juegan y están más alerta, los bigotes adoptan una posición inclinada hacia delante? Se están preparando para cazar. En esa posición, los bigotes forman una especie de «jaula» con la que el gato sondea el tamaño de su presa y no solo eso: nota cuando la víctima deja de moverse de modo que él puede abrir la boca para empezar a saborearla tranquilamente. Además, cada vez que el bigote choca con algo, el gato cierra instintivamente los párpados, porque el cerebro recibe la información de que hay algo que está demasiado cerca de los ojos.

Brrr, ¡qué miedo!

Los bigotes se mueven porque el folículo del que salen está conectado a un pequeño músculo llamado erector. Los seres humanos también lo tenemos, y lo notamos cuando se nos pone la piel de gallina: el músculo se contrae por el frío o el miedo y el pelo se eriza. Los músculos erectores de los gatos también son sensibles a estos estímulos. Por ejemplo, cuando quieren infundir temor a un adversario o se asustan por un ruido repentino, levantan el pelo del lomo o «se les esponja» la cola, de forma que el pelo se pone perpendicular a esta. Cuando hace frío, el pelo también se les eriza, pero el proceso es un poco más complicado que en los seres humanos. Generalmente, el pelaje de un gato se compone de tres tipos de pelo: el vello, que está formado por pelos finos, cortos y ondulados que atrapan el aire y funcionan como un «material» aislante que conserva el calor corporal en invierno y limita la absorción del calor del exterior en verano; las aristas, que son los pelos que acariciamos, más largos, más rígidos y más numerosos, y los pelos protectores, que son de una longitud media y se encargan de proteger el vello mientras participan, en menor medida, en la función aislante. Por cada mil vellos hay trescientas aristas y veinte pelos protectores. Pero las proporciones varían mucho entre razas (el *cornish rex*, por ejemplo, no tiene vello, mientras que el *tabby* clásico tiene los tres tipos).

Pero ¿no tiene calor?

Aunque los bigotes sean tan sensibles, el hocico y el cuerpo no son especialmente receptivos al calor radiante, es decir, el emitido en forma de rayos infrarrojos por cuerpos calientes como el Sol o un radiador. Lo que perciben los gatos es aproximadamente un tercio del calor que sentimos nosotros, por lo que pueden echarse y tomar el sol en los días de verano durante mucho tiempo sin sentir ninguna molestia o dormir durante horas junto al radiador en invierno (pero ten cuidado y no dejes que se acerquen demasiado, ya que se les pueden resecar las mucosas, lo que les causa dolor de garganta).

¿Es cierto que tienen un oído excepcional?

Sí, por eso nunca hay que hablarles con voz demasiado alta o aguda. Sería un sonido molesto del que huirían. ¿Te has fijado en lo que pasa si agitas ante ellos un peluche que tenga un cascabel dentro? Ese sonido recuerda al chillido de un ratón o al trino de un pájaro, y por eso los gatos se abalanzan sobre él y lo observan con interés, dilatando sus pupilas: han entrado en el estado psicofísico de la caza. En cambio, con los juguetes de goma que «silban», el gatito huye despavorido. Su sentido del oído es muy fino y esos sonidos agudos le resultan irritantes, al igual que muchas otras fuentes de sonido que deben evitarse, incluso el silbido imperceptible de las lámparas fluorescentes, el de algunos reproductores de CD y hasta el de las teteras.

Lo oyen todo

A veces, los gatos se despiertan de repente, con los ojos muy abiertos y las orejas tensas. Un ruido, completamente inaudible para nosotros, ha perturbado su siesta. Quién sabe qué era, tal vez un revoloteo de alas afuera de la ventana o un vecino hablando por teléfono. No lo sabremos nunca. El oído del gato es un órgano extremadamente sensible. Los estudios demuestran que los gatos perciben los sonidos que entran en la gama de frecuencias de 45 a 60 000 hercios. Los seres humanos somos sensibles a los que van de 20 a 20 000 hercios. Todo lo que está por encima de ese límite es ultrasónico para nosotros y, por tanto, inaudible. Como puede deducirse de estos valores de frecuencia, los gatos oyen los ultrasonidos. Esta es una característica muy útil para la vida en la naturaleza, ya que los pájaros y pequeños roedores, como ratones y ardillas, emiten ultrasonidos que los depredadores pueden percibir. Los únicos animales que tienen un mejor oído que los gatos son los murciélagos y algunos insectos, entre ellos las polillas, que pueden oír los ultrasonidos a partir de los 100 000 hercios.

¿A los gatos les gusta la música?

El psicólogo de animales Charles Snowdon, de la Universidad de Wisconsin-Madison, no tiene ninguna duda: sí, les encanta, pero tiene que adaptarse a ellos. En 2009, el científico realizó un interesante experimento con el compositor David Teie, al que le pidió que creara música para los oídos de los titís. Descubrió que las melodías excitantes o relajantes eran las que «contenían» el ritmo de sus latidos (acelerados o normales, respectivamente) y frecuencias similares a las de sus vocalizaciones. Por el contrario, permanecían insensibles a la «música para humanos». Después de este descubrimiento, se les ocurrió la idea de aprovechar el principio del latido del corazón para crear música para gatos, con un ritmo que a nosotros nos suena muy rápido, porque va de 110 a 140 latidos por minuto. Y la pequeña recopilación de canciones que Teie compuso teniendo en cuenta la fisiología del gato se llama exactamente así, *Music for Cats*. Por el momento, los temas pueden escucharse en YouTube introduciendo los títulos. *Spook's*

Ditty se parece al sonido con el que los seres humanos llaman la atención de un gatito y se supone que tiene una función casi hipnótica. Los científicos esperan poder traducirla a ultrasonidos para hacerla aún más agradable a los oídos felinos. *Rusty's Lullaby* recuerda al gato el dulce sonido que hacía cuando chupaba la leche de su madre y fue creada para relajarlo, aunque Snowdon está firmemente convencido de que también funciona con los humanos. *Cozmo's Air* es un triunfo *ron-ron* superrelajante para crear un ambiente de empatía. Cada pista está salpicada de sonidos de la naturaleza, como el susurro de los árboles. Hay más canciones que pueden escucharse en Spotify introduciendo el nombre y el apellido del compositor. Además, en la Universidad Estatal de Colorado, los científicos han descubierto que la música clásica también es buena, al menos indirectamente, para los mininos: mediante una pequeña investigación han comprobado que si el veterinario la pone como música de fondo, sus gestos se vuelven más relajados y el pequeño paciente también siente esta tranquilidad, lo que hace que se muestre menos temeroso y agresivo.

¿Por qué odian o les encanta el teléfono?

¿Qué hacen sus gatos cuando suena el celular o el teléfono fijo? Chicco levanta las orejas como si fueran antenas parabólicas de la NASA ante una señal extraterrestre. Al principio le molestaba mucho y tuve que reducir el volumen al mínimo (perdí varias llamadas, pero logré que mi gato no perdiera los estribos). Como el oído de los felinos es tan sensible, los pitidos, las voces y las risas fuertes pueden ser muy irritantes para ellos. Por el contrario, a menudo nos hacen compañía cuando estamos hablando por teléfono. Si estamos sentados en el escritorio, nos dan golpecitos con la cabeza, y si estamos de pie y caminando mientras hablamos, nos siguen y quieren jugar o comer. ¿Por qué? Como evidentemente no entienden que estamos hablando por teléfono, creen que estamos hablando con ellos. A los gatos domésticos les gusta mucho interactuar con los seres humanos y creen que esas palabras son para ellos (vale, son un poco egocéntricos, pero forma parte de su adorable e irresistible felinidad).

¿Cómo logran girar las orejas?

A diferencia de nosotros, los gatos pueden girar las orejas por separado para «sintonizar» mejor los sonidos que les rodean. Así, un ratoncito no tiene prácticamente ninguna esperanza de salvar el pellejo si se encuentra con un gato en su camino. Por la misma razón, ningún bípedo, por más que entre en la cocina con la discreción de Arsenio Lupin, tendrá la más mínima posibilidad de abrir una lata de atún y comérsela tranquilamente él solo. Y eso por no hablar de los ruidos de los blísteres o las tapas de los frascos de sus medicamentos: el gato correrá bajo la cama antes de que la pastilla vea la luz. Todo es debido al oído externo con forma de cono (llamado pinna) que como un embudo recoge las ondas sonoras y las transmite hacia el interior, luego al nervio auditivo y después al cerebro. El pabellón auricular o pinna gira hasta 180 grados por la acción de 32 músculos (nosotros solo tenemos seis y normalmente no podemos moverlos ni un milímetro). Gracias a estas grandes orejas giratorias, los gatos saben exactamente de dónde viene el sonido. Los experimentos demuestran que son capaces de distinguir, 75 veces de cada cien, dos sonidos diferentes separados por un ángulo de solo cinco grados sin mover la cabeza, un detalle importante, dado que la inmovilidad es esencial para sorprender a la presa cuando caza. La capacidad de localización depende de la diferencia de tiempo y de la intensidad con la que las ondas sonoras llegan a los dos oídos. Cuanto mayor sea la diferencia de tiempo, con más facilidad se localizará la fuente. Y si la longitud de onda es mayor que la distancia que separa los dos oídos, los sonidos serán más difíciles de oír. Por este motivo, algunos animales pequeños tienen las orejas muy separadas a ambos lados de la cabeza. Por otra parte, la movilidad de la pinna también hace que el gato pueda expresar sus emociones. Por ejemplo, cuando está tranquilo y callado, las orejas están en posición vertical, y cuando está muy asustado o preparado para un enfrentamiento físico, las orejas se aplanan y el hocico adquiere un aire amenazador.

¿Dónde está la comida?

Cuando juego con Chicco, me doy cuenta de que su vista no es excepcional: tiene el juguete (o la galleta) a unos centímetros de la nariz, pero no lo ve y lo busca olfateando el suelo. En proporción al tamaño del cráneo, los gatos son los mamíferos con los ojos más grandes, pero su agudeza visual (la capacidad de distinguir los detalles de un objeto) es entre una cuarta y una décima parte la de los seres humanos. La agudeza visual depende de varios factores, como la capacidad de enfoque del ojo y la densidad de las células fotosensibles de la retina. La agudeza visual es lo que mide el óptico cuando nos muestra las láminas con las letras que van disminuyendo de tamaño. Los estudios demuestran que, mientras que un ser humano puede ver un objeto nítido a 45 metros, los gatos tienen que acercarse a seis metros para verlo igual de bien. Pero esto no significa que nuestros felinos sean hipermétropes. En los hipermétropes, la luz se enfoca en el lugar equivocado, es decir, delante de la retina, por eso ven mal de cerca. En cambio, los gatos son emétropes, es decir, la luz se enfoca en la retina, exactamente igual que cuando no se tienen problemas de visión. Entonces, ¿por qué tienen una agudeza visual tan baja? Tienen pocas células sensibles a la luz: es como si sus ojos fueran una cámara digital de pocos megapíxeles.

¿Por qué ven mejor en la penumbra?

Porque evolucionaron para cazar al atardecer, cuando el límite entre la noche y el día es una luz incierta y borrosa. Por eso nosotros vemos peor al anochecer y a veces manejar un coche a esa hora resulta algo más cansado, puesto que exige prestar más atención. Veamos entonces cómo funciona el ojo. La luz entra a través de la córnea y el cristalino que, al ser un lente, concentra la luz sobre la retina. La retina es una capa de tejido que cubre la superficie interna del ojo y que contiene, en la capa más externa, dos tipos de fotorreceptores, es decir, células sensibles a la luz. Hay bastones (sensibles al movimiento y que se activan en condiciones de escasa luminosidad) y conos (sensibles a los colores y que nos permiten ver con claridad). Cuando la luz incide en los fotorreceptores, se inicia una cascada de reacciones químicas y físicas que transforman la señal luminosa en una señal eléctrica que, desde las células de la retina, pasa a las células ganglionares más grandes, que se hallan en la capa más interna de la retina, y luego llega al cerebro para convertirse en una «imagen». Dado que hay varias células de la retina conectadas a una sola célula ganglionar (algo parecido a cuando conectamos varios cables eléctricos a un multicontacto), el gato pierde en agudeza visual, pero gana en sensibilidad cuando la luz es escasa, como al atardecer, momento en que los gatos que viven al aire libre comienzan a cazar. Los ojos de los gatos son grandes en relación con su tamaño, al igual que la retina. Sin embargo, en comparación con los seres humanos, tienen una menor densidad de conos (útiles para procesar la luz del día) en el área que, con una forma alargada, se sitúa en el centro de la retina. Los gatos tienen 27 000 conos por milímetro cuadrado, mientras que en los humanos la densidad de estas células en el centro de la retina (una región circular llamada fóvea) es de 150 000 a 180 000 conos por milímetro cuadrado. Sin embargo, en cuanto al número de bastones (útiles para la visión nocturna), los gatos nos ganan por goleada, con 400 000 células por milímetro cuadrado frente a las 175 000 de los bípedos. Por eso, cuando en condiciones de penumbra prevalece el trabajo de los bastones, los gatos se mueven como los amos de la noche.

¡Vamos, muévete!

¿Cuál es el juguete favorito de sus gatos? Lo más probable es que les guste saltar de un lado a otro para perseguir una cinta o una pelota atada a una «caña de pescar», como a Chicco, que ignora totalmente los objetos que cuelgan de los postes rascadores, como las pelotas y los ratones de peluche. Normal, no se mueven, así que... no los ve. Al ser depredadores, los gatos tienen un sentido de la vista muy sensible al movimiento (y lo demuestran cuando persiguen las moscas o las mariposas que entran en casa). Notan inmediatamente si un objeto se cruza o se mueve en la región periférica del campo visual porque las células sensibles al movimiento distribuidas por la retina ocupan una región con forma de franja horizontal. En consecuencia, les resulta mucho más difícil darse cuenta de si el objeto se mueve hacia ellos. Además, la retina, como hemos dicho, es rica en bastones, que actúan como sensores de movimiento, además de captar la luz con gran eficacia en la penumbra. En una investigación que se publicó en *Journal of Vision* en 2012, los investigadores simularon la visión de los gatos con la hipótesis de que, al mirar hacia delante, el horizonte aparece borroso en dirección vertical, pero más perfilado y «profundo» en horizontal. Una última curiosidad: el campo visual del gato, es decir, la región desde la que le llega suficiente luz para estimular las células de la visión, es de doscientos grados, mientras que en los seres humanos es de ciento ochenta.

Ojo de reptil, ¿por qué?

La mirada astuta de los gatos es irresistible. ¿Te has preguntado alguna vez por qué nuestros pequeños felinos tienen una pupila vertical que, al estrecharse, se parece a las de los reptiles? La pupila rasgada es típica de los depredadores del crepúsculo: sus ojos están hechos para ser muy sensibles con poquísima luz, cuando la pupila se vuelve enorme y redonda. Por el contrario, de día se protegen de la luz brillante cerrándola, por lo que se vuelve muy fina. Los estudios demuestran que una pupila rasgada verticalmente se cierra más rápidamente que una redonda como la nuestra, porque hay dos músculos más, que la comprimen lateralmente. Y lo que es más importante, unos científicos suecos de la Universidad de

Lund han descubierto que la pupila rasgada ofrece a los gatos una visión clara incluso a plena luz del día, porque su cristalino, la parte del ojo que actúa como lente para enfocar las imágenes, tiene una estructura muy especial. Está formado por zonas que captan la luz y la desvían (refracción) de forma distinta según la longitud de onda (característica relacionada con la energía de la luz). Estas secciones son concéntricas, como el diseño de una diana. Si la pupila fuera redonda, algunas longitudes de onda no podrían «aterrizar» en todas las zonas multifocales del cristalino (las más externas permanecerían cubiertas) durante la contracción y, por tanto, el gato tendría una visión desenfocada. Pero cuando la pupila se convierte en una rendija muy fina, la luz puede seguir incidiendo en toda la superficie porque alcanza todo el diámetro vertical de la lente. No todas las pupilas de los animales son verticales o redondas: los caballos y las cabras, por ejemplo, tienen pupilas horizontales.

¿Los gatos ven los colores?

Sí, pero no todos, solo el azul, el verde y un poco de amarillo, y los colores tienen que ser muy intensos, brillantes y contrastantes porque tienen pocas células sensibles al color en los ojos. Estas células se llaman conos, como hemos visto en los párrafos anteriores, y ocupan poco espacio en la retina. Pero esto no es importante para ellos, porque, cuando hay poca luz, ven el entorno en tonos grises, ya que entran en acción los bastones, que se activan con poca luz y no tienen la capacidad de «traducir» los colores del ambiente que les rodea. Durante el día, los rayos de luz estimulan los conos de la retina, pero los gatos no son muy sensibles. Por lo tanto, no tiene mucho sentido dedicar demasiado tiempo a la elección del color del ratón de peluche, la caseta o la mantita: que sean rosas, azules o rojos no supone ninguna diferencia para ellos. La visión en color evolucionó en animales para los que era importante reconocer si una fruta estaba madura o era venenosa o para cazar presas camufladas en el entorno, como en el caso de las aves, los reptiles y los peces, pero para los grandes depredadores seminocturnos, como los felinos, lo importante era ver bien al anochecer.

¿Por qué ven la televisión?

Más de una vez, Chicco se ha quedado embobado frente a la televisión. Un día salían unos pájaros en un documental ¡y él salió corriendo detrás de la tele para buscarlos! ¿Significa esto que los gatos «ven» las imágenes de la televisión igual que nosotros? Eso parece, sobre todo las transmitidas por las televisiones más modernas, como las de cristal líquido, que tienen una alta tasa de fotogramas (*frame rate*), de alrededor de cien hercios, lo que significa que en un segundo pasan cien imágenes estáticas, cuya rápida secuencia da una ilusión de movimiento continuo que los gatos perciben perfectamente.

¿Cómo consiguen atrapar a las rapidísimas moscas?

Cuando una mosca entra en mi casa debería empezar a pensar a quién va a dejarle su herencia: Chicco entra en acción y, al cabo de un cuarto de hora, lo que queda de la mosca se dirige a su estómago (¡puaj!). ¿Cómo puede cazarla tan rápido? Los ojos de los gatos son como una cámara especial: capaces de captar muchísimas imágenes por segundo y transmitirlas todas al cerebro. Ante sus ojos, las moscas se mueven lentamente, y cuando nos movemos nosotros también nos perciben como gigantes pesados que caminan más o menos como los astronautas en la Luna. Esta visión del mundo también explica por qué los gatos pequeños y los niños se mueven con sacudidas muy rápidas cuando cazan o juegan: se están moviendo «normalmente», no están «inquietos». Luego, a medida que crecen, su tamaño aumenta, su metabolismo se ralentiza y su sistema visual también se desacelera: así lo demostró una investigación realizada en 2013 por el Trinity College de Dublín. Los cachorros, ya sean perros o gatos, igual que los niños, ven el mundo con una tasa de imágenes (número de imágenes captadas en un segundo) más alta que los adultos. Esto significa que los animales y los más pequeños viven en un mundo en el que todo se mueve en cámara lenta, un poco como el efecto en *Matrix* cuando el héroe Neo evita las balas porque puede «verlas» más lentamente. Podría ser un «truco» evolutivo para evitar a los grandes depredadores, más lentos, pero mortales. Todo depende del número máximo de imágenes individuales que el cerebro es capaz de procesar en un intervalo de tiempo. Según los científicos irlandeses, los animales con cuerpos más pequeños y metabolismos más rápidos logran procesar más imágenes que los seres humanos. Las moscas, por ejemplo, tienen un sistema de percepción de las imágenes cuatro veces más rápido que el nuestro. Por eso, cuando nos acercamos, ellas ven moverse el periódico con el que queremos golpearlas aun antes de que consigamos lanzar el golpe. Para comprobarlo, los investigadores experimentaron con la frecuencia de parpadeo en varias especies animales. Básicamente, se hace parpadear una luz y, cuando los parpadeos están tan juntos que parecen una luz fija, se determina la frecuencia crítica de parpadeo (FCF). Si se muestran imágenes a un ritmo superior a la FCF, se fusionan, mientras que si se muestran más despacio, se ve cómo cambian. Los animales depredadores, como los halcones y los gatos, tienen una FCF muy alta, de más de trescientos hercios, por lo que son capaces de atrapar presas muy rápidas, como ratones y moscas. Las ven moverse lentamente, como cuando vemos la explosión ralentizada de un globo filmada por una cámara de alta velocidad, capaz de grabar hasta doscientos millones de imágenes por segundo.

¿Qué brilla en la oscuridad?

Si abres los ojos cuando estás medio dormido para ver por qué el gato decidió saltar sobre la cama para jugar con tus pies en lugar de perseguir al carísimo ratón electrónico, verás cómo le brillan los ojos. El mérito es del *tapetum lucidum*, una capa de células planas y rectangulares ubicada detrás de la retina, en la parte posterior del ojo. Su grosor en el centro es de quince a veinte capas que van haciéndose más finas hacia la periferia, que consta de una sola lámina. Cada célula está llena de bastones de riboflavina (vitamina B2) que forman estructuras hexagonales. Cuando la luz atraviesa la retina, los bastones interceptan una parte, pero otra se escapa y la atraviesa como el agua que cae de una coladera. El *tapetum* detiene la luz que escapa de la retina, que rebota y se dirige de nuevo hacia la retina para que pueda estimular otros bastones y así obtener una mejor visión del ambiente. Sin el *tapetum*, esta luz se desperdiciaría y los gatos no verían tan bien en un ambiente poco iluminado. El *tapetum lucidum* actúa como un cristal que refleja la luz hacia atrás, pero no al azar, sino en direcciones ordenadas: la luz reflejada sigue la misma trayectoria que al ingresar. Por eso los vemos tan brillantes.

De los ojos a las señales de tráfico

El fenómeno óptico que explica el efecto del *tapetum lucidum* se denomina reflector y es similar a la reflexión de la luz de las señales de tráfico, las rayas de pintura que marcan los límites de las carreteras y las cintas en algunas prendas de vestir, como las tiras cosidas en las chamarras de emergencia, por citar solo algunos ejemplos. No es casualidad que los marcadores reflectantes incrustados en las barreras de contención se llamen Catseye, que significa «ojo de gato». Los inventó Percy Shaw, que nació en Halifax (Reino Unido). Cuenta la leyenda que a Shaw le llegó la inspiración de noche, mientras conducía, cuando un gato se cruzó en su camino y lo miró un momento con sus ojos reflectantes. Así, en 1934 patentó su idea y Catseye se convirtió en una marca registrada. Pero ¿cómo funcionan los carteles y las cintas reflectantes de la ropa? Es muy sencillo. Son pinturas en las que se meten miles de microesferas de vidrio que tienen un diámetro de unos cientos de micras (una micra es la millonésima parte de un metro). Las microesferas no se hunden por completo, sino que asoman una pequeña fracción en la superficie, como las cerezas en un pastel. Cuando las luces de un coche iluminan una señal, la luz regresa exactamente paralela a la de los faros, por lo que a nuestros ojos las señales parecen brillantes.

La supervista

Si fueran superhéroes de cómic, podríamos decir que los gatos tienen supervista: ven cosas que nosotros no. De todos los componentes de la luz solar, nuestros ojos solo son sensibles a la parte «visible» (de color), que se observa, tonalidad a tonalidad, en un arcoíris. Sin embargo, los gatos también aprovechan una parte de los rayos ultravioleta, como han descubierto los neurocientíficos de la Universidad de la City de

Londres. Los objetos muy reflectantes, como una hoja de papel, aparecen más brillantes a sus ojos, pero con los contornos borrosos: un «superpoder» muy útil a la hora de cazar presas de pelo claro. A los seres humanos, el ultravioleta solo nos sirve para estimular el bronceado: es totalmente invisible, ya que nuestros ojos están protegidos por el cristalino y no tenemos células sensibles a su energía. Con todo, nuestros ojos también pueden volverse más «felinos», aunque más que una ventaja es una molestia. Es lo que les ocurre a quienes se han operado de cataratas, es decir, a quienes les han extirpado el cristalino, el lente natural del ojo. Este lente es transparente, tiene un diámetro promedio de diez milímetros y está situado en el interior del globo ocular. Dado que tiene la capacidad de bloquear los rayos ultravioleta, si se elimina, la vista adquiere una nueva sensibilidad. Uno de los casos más famosos que atestiguan este fenómeno son los cuadros de Claude Monet. Con 82 años, el gran pintor decidió someterse a una operación de cataratas y, tras pasar muchos años «envuelto en la niebla», volvió a ver los colores brillantes y su mundo ya no volvió a ser el mismo. Los nenúfares lilas los percibía blancos, mientras que los objetos azules se le aparecían con zonas entre blanquecinas y azuladas. Una curiosidad: afaquia es la palabra que designa la falta de lente; viene del griego y significa «sin lente».

¿Gatos vulcanos?

Si son fans de *Star Trek*, recordarán un episodio en el que el oficial científico Spock corre el riesgo de quedarse ciego después de exponerse a una luz repentina y muy intensa que se utilizaba para matar a un organismo alienígena (que se parecía mucho a una minipizza). Quién sabe, a lo mejor los guionistas se inspiraron en los gatos: el enigmático científico se salva porque, durante la «terapia», tiene los ojos protegidos por un tercer párpado. A veces, cuando el gato está dormido y el párpado principal está ligeramente levantado, se puede vislumbrar este elemento extra. ¿Cómo es que los gatos (y los vulcanos) tienen esta «parte» extra? Al contrario que nosotros, los gatos no necesitan cerrar los párpados para humedecer los ojos, lo que supone una gran ventaja para la caza. ¡No se puede perder de vista a la presa ni un instante! Del mantenimiento correcto de los ojos se encarga el «tercer párpado» o membrana nictitante (del latín *nictare*, 'parpadear'). Esta membrana está situada en el ángulo interno y produce una película lagrimal que se extiende por toda la superficie de la córnea y la protege del polvo. Nosotros también la tenemos, pero en forma de órgano vestigial, es decir, atrofiado e inútil: es el pliegue de la *plica semilunaris*, que está junto a la «bolita» rosada del ángulo interno del ojo. Si el tercer párpado de nuestro gatito permanece visible cuando tiene los ojos abiertos, lo mejor es llamar al veterinario enseguida, pues es un indicio de malestar.

¿Por qué miran fijamente al vacío como si vieran algo?

A veces es inquietante. El gato está totalmente concentrado: se queda inmóvil, mirando fijamente al vacío, y al mismo tiempo mueve la cola como si estuviera nervioso. Pero ahí no hay nada. Nada que nuestros ojos puedan ver. Se nos olvida que su mundo es muy distinto del nuestro. Puede que haya algo que nosotros no percibimos, como un pequeño insecto volador o un ruido que nuestros oídos no pueden captar. También es gracioso cuando pasa otra cosa: yo lo llamo «la broma al humano tonto». Chicco clava la mirada en un punto de la habitación como si hubiera aparecido un dinosaurio, entonces yo me acerco, miro en la misma dirección, observo atentamente unos segundos intentando averiguar qué es lo que ha llamado su atención y, cuando volteo para ver si sigue mirando hacia el mismo punto, él ya se fue o se está refrescando tranquilamente el pelo. ¿Me jugó una broma? Podría ser. Pero a veces a nosotros también nos pasa eso de quedarnos «atorados» mirando al vacío, y no porque hayamos notado algo, sino más bien porque estamos pensando en algo. Así se activa lo que los neurólogos llaman red neuronal por defecto, como si estuviéramos durmiendo despiertos. Los psicólogos estiman que le ocurre al 96 % de los adultos al menos una vez al día.

¡Mírame, mírame!

Puede que nunca nos hayamos percatado, pero a los científicos de la Universidad Eötvös Loránd de Budapest no se les escapó: los gatos son capaces de interceptar y seguir nuestra mirada, una capacidad que hasta ahora solo se había observado en los perros. Establecer contacto visual y luego señalar en una dirección solo con la mirada para indicar que algo está sucediendo forma parte de lo que se conoce como comportamiento ostensivo. Imagina, por ejemplo, que Mario y Gino están sentados en un banco. En un momento dado, Mario voltea hacia atrás y se queda mirando algo. Entonces, Gino, atraído por ese gesto, observará la mirada de Mario y mirará en la misma dirección, con lo que descubrirá que está llegando alguien que ambos conocen. Desde un punto de vista psicológico, se trata de un complejo intercambio de información y, al parecer, los gatos también son capaces de ponerlo en práctica. ¿Y cómo descubrieron los investigadores que los gatos son capaces de hacerlo? Hicieron pruebas con 41 gatos domésticos, con un investigador que nunca los había visto (en realidad, al principio había 85 gatos, pero 44 de ellos se aburrieron con el experimento y fueron excluidos). La prueba se organizó del siguiente modo: se escondió comida en una habitación y el investigador le indicaba al gato el lugar exacto señalándolo con la mirada. La prueba se repitió 24 veces con cada gato y el resultado fue de un 70 % de éxito, una cifra increíble que sorprendió a los propios investigadores y que ahora permite afirmar científicamente que los gatos «leen» nuestros mensajes corporales mejor que las señales vocales.

¿Por qué algunos gatos siameses son bizcos?

Porque su pelaje es claro y oscuro. Sí, vale, parece que no tiene nada que ver. Pero espera, antes de entenderlo bien tenemos que indagar un poco en los recodos de la genética felina. Los siameses tienen un pelaje muy claro en todo el cuerpo, excepto en las puntas de las orejas, el hocico, las patas y la cola. Esta coloración es una forma de albinismo que depende de una mutación genética relacionada con la tirosina, la enzima que favorece la «construcción» del pigmento (melanina) presente en el pelo. La misma alteración genética afecta también a la forma del quiasma óptico, es decir, la zona en la que los nervios ópticos de los dos ojos se superponen, como dos carreteras que convergen en un cruce para formar una equis. En los siameses, debido a ese «defecto» genético, esta superposición no es completa, y si los gatos miraran con los ojos rectos, verían imágenes dobles, porque la retina (membrana rica en receptores de luz) de la izquierda está inclinada hacia la derecha, y viceversa. Por lo tanto, para compensar el defecto, cruzan los ojos: de este modo, las dos retinas se alinean y los gatos ven con más claridad. Como resultado de la mutación, los siameses con ojos azules y cruzados tampoco tienen *tapetum lucidum,* por lo que ven peor por la noche que sus homólogos de ojos «brillantes».

¿Los gatos sienten antes los terremotos?

Muchos humanos están dispuestos a jurar que su mascota percibe la llegada de un terremoto antes de que ocurra. Casi siempre se oyen historias sobre perros, pero los gatos también manifiestan este curioso sexto sentido, por ejemplo, metiéndose debajo de la cama, mostrando inquietud o huyendo de su territorio. El caso de la ciudad china de Haicheng ha pasado a la historia. Era enero de 1975 y los signos de una catástrofe inminente llamaron la atención de las autoridades: unos días antes del trágico acontecimiento (el terremoto tuvo una magnitud de 7.3), los cursos de agua subieron repentinamente de nivel y los animales mostraron comportamientos extraños. Las serpientes salieron de su hibernación y se congelaron, las vacas mostraron comportamientos de agitación y los perros ladraban y mordían más de lo habitual. No tenemos constancia de lo que hicieron los gatos, pero parece que los animales «fueron escuchados» y las autoridades ordenaron una evacuación el 4 de febrero, que salvó miles de vidas. Por eso, tanto en Japón como en China, se considera a los animales unos valiosos «indicadores» de terremotos. En concreto, los chinos han identificado 58 especies útiles, entre ellas serpientes, roedores y murciélagos. Están tan convencidos de que pueden ayudar a predecir estos fenómenos que distribuyen folletos entre la población con instrucciones para aprender a notar el comportamiento anormal de los animales. Los científicos están seguros de que los animales no poseen un sexto sentido para los terremotos, pero existe la hipótesis de que perciben algunas cosas, como las vibraciones generadas por las grietas del suelo. De hecho, las fracturas generan sonidos de alta frecuencia que los ratones pueden oír.

Del mismo modo, los maremotos generan olas que se sitúan en el rango de los infrasonidos, que son menos energéticos y los animales pueden oír. Quizá sea esta la razón por la que se encontraron tan pocos cadáveres de animales salvajes después del tsunami de diciembre de 2004, ya que la mayoría de ellos habían huido hacia el interior antes de la catástrofe. Tal vez las aves y otros animales sientan las variaciones del campo electromagnético generadas por la acumulación de tensión en las rocas que están a punto de partirse, aunque estos sean muy débiles. Como demostraron en 1993 los físicos del centro de investigaciones Ames de la NASA, las rocas sometidas a tensión que están a punto de romperse emiten rayos infrarrojos. Quizá las serpientes, que son capaces de percibir estas ondas invisibles para nosotros, puedan ver esta «luz» que emana de una roca a punto de romperse. En resumen, hasta ahora la ciencia no confirma nada, pero se puede suponer que los animales perciben cosas. Cómo y por qué sigue siendo un misterio.

¿Los gatos sienten cuando cambia el clima?

Según los expertos en bioclimatología, los científicos que estudian cómo afectan a los seres vivos los fenómenos atmosféricos, sentir los cambios del clima implica ser sensible a los cambios de presión, es decir, al paso de una presión alta (buen tiempo) a una baja (mal tiempo) y viceversa. Quizá por eso algunas personas, las más sensibles, se inquietan ante una tormenta o recuperan el buen humor al primer rayo de sol. Por otra parte, es bastante normal que el organismo se vea afectado por estos cambios, puesto que vivimos en un delicado equilibrio de presiones. El corazón es una bomba que crea una determinada presión en las arterias (en los gatos, los valores considerados normales son 170/140, a nivel de la arteria carótida); los pulmones respiran aire que está a una determinada presión, y sobre los hombros y la cabeza tenemos una columna de aire que «pesa» alrededor de una tonelada (sí, también los mininos); y como nuestro gato «funciona» de la misma manera, es normal que a él también le afecte cuando cambia el clima. Por ejemplo, cuando nos acercamos a una condición de bajas presiones, es decir, al mal tiempo, el gato lo nota inmediatamente y tiende a esconderse, a buscar un lugar acogedor, como una caja oculta en el clóset o un lugar agradable bajo las mantas. Es una reacción normal que nos recuerda el comportamiento de los animales en la naturaleza: una tormenta eléctrica puede ser peligrosa y buscar refugio es fundamental.

Una lamida antielectricidad

Según una leyenda, si el gatito se pasa la pata por la oreja mientras se está limpiando el hocico, lloverá. Como en todas las leyendas, hay algo de verdad en ella. Cuando se acerca una tormenta, la humedad aumenta y las superficies se vuelven más pegajosas debido al mayor número de moléculas de agua que impregnan el aire. Por consiguiente, el polvo y las partículas de diversos residuos también tienden a adherirse con facilidad. El gato simplemente se siente más sucio, una condición que le resulta intolerable, lo que da inicio a una larga limpieza. Del mismo modo, cuando el aire es muy seco en invierno, el gatito pasa más tiempo lamiéndose para humedecerse el pelaje y «apagar» esa desagradable sensación de pelo «eléctrico». De hecho, cuando el aire está seco, las cargas eléctricas en suspensión son las que se adhieren más fácilmente. Así que, a veces, en días muy secos, puede ocurrir que al acariciar a tu gatito recibas una descarga, sobre todo si le pones la mano cerca del hocico, ya que las cargas eléctricas tienden a acumularse en las extremidades, como la nariz o las puntas de las orejas (el fenómeno físico de la acumulación se denomina efecto punta, que es la razón por la que los pararrayos son largos y finos).

El gato misterioso

Se llama Oscar, tiene el comedero en la habitación de los médicos y duerme sobre la mesa. Y es el gato más misterioso que existe. Cuando Oscar sale de la habitación y se pasea por el hospital, las enfermeras lo saludan, pero él las ignora. Los pacientes a veces intentan acercársele, pero él bufa. Oscar no es un gatito sociable y quiere que lo dejen solo. Llega a la habitación 300. La puerta está cerrada, pero Oscar no tiene prisa. Se sienta y espera a que alguien la abra. Al cabo de unos minutos sale una enfermera, que lo saluda inútilmente. Entra, olfatea el aire, mira a su alrededor. Solo hay dos camas. En una, una anciana está en posición fetal, mirando por la ventana. En la otra hay una mujer acostada con la mirada fija en el techo y la respiración agitada. Nada que le interese, así que Oscar da media vuelta, sale y continúa su paseo hasta el piso de arriba. La habitación 411 está abierta. La penumbra dibuja sombras distorsionadas en las paredes. En la cama que está más cerca de la ventana, una mujer está sumida en un sueño profundo. A su lado, en una silla, una chica está leyendo un libro. Se miran un momento y la chica exclama: «¡Hola! ¿Y tú quién eres?». De nuevo, Oscar la ignora. En cambio, se acerca a la otra cama, la que está junto a la puerta. La mujer que la ocupa tiene los ojos semicerrados, su respiración es lenta. El gatito salta a la cama. Luego se detiene y se acurruca a su lado, con el hocico sobre las patas y envolviendo suavemente el cuerpo con la cola. Una enfermera que pasa delante de la puerta abierta lo ve y corre hacia el puesto de enfermeras. Rápidamente busca el número de teléfono de los familiares de la señora de la 411. Poco después llega su hijo con su esposa. Entran en la habitación, el olor acre de la muerte flota invisible. Con lágrimas en los ojos, el hombre le pregunta asombrado a la enfermera por qué hay un gato en la cama de su madre. Pasan unos minutos y, en esa cama, la vida se desvanece. Oscar también se va. Ya trabajó bastante por hoy.

Este es un día cualquiera de Oscar, un gato de pelaje moteado con los típicos tonos marmóreos de un *tabby*, con el pecho blanco y una mancha del mismo color casi en el centro de la frente. Nació en un criadero en 2005 y lo adoptó el personal del centro de enfermería y rehabilitación Steere House de Providence (Rhode Island). Oscar se hizo famoso después de que el geriatra del hospital, David Dosa, contara su historia en un artículo publicado en el *New England Journal of Medicine*. Cada vez que un paciente se acerca al final, el sensible gatito se acurruca en su cama. ¿Oscar «siente» la muerte? En cierto modo, sí. Lo más probable es que su extraordinario sentido del olfato le permita captar el olor de las sustancias emitidas por el cuerpo que se está apagando. La ciencia dice que no hay que preocuparse: no hay poderes paranormales, solo sentidos extremadamente finos.

¿Qué perciben realmente los gatos?

Hay muchas historias sobre gatos dotados de poderes extraordinarios. El biólogo británico Rupert Sheldrake está investigando este campo y, a pesar de la resistencia de la comunidad científica, está convencido de que existe una especie de vínculo telepático entre los animales y los seres humanos que conviven con ellos. En su página web <www.sheldrake.org> se pueden leer muchas historias. Su encuesta a 65 veterinarios de Londres es curiosa: 64 confirmaron que ya no trabajan con cita previa para los gatos, sino que invitan a los propietarios a acudir a la consulta con su gatito y esperar su turno. ¿La razón? Antes de que al humano le dé tiempo de sacar la transportadora, los pequeños felinos se dan cuenta de que algo ocurre y se las arreglan para desaparecer hasta que perciben que el humano ha renunciado a llevarlos al veterinario. Existen numerosas historias de gatos sensibles a los cambios de humor de los humanos y otras tantas en las que les han salvado la vida. El episodio que relata una señora llamada Shirley en las páginas del *Daily Mail* es notable. Una mañana se encuentra con que su gato Snoopy está muy alterado: no para de hacer ruidos. Shirley está preocupada. Su gato nunca ha hecho eso y, si no fuera porque está castrado, parecería que ha oído a una gata en las inmediaciones, de lo inquieto que está. Shirley estaba a punto de salir para irse a trabajar, pero se quita el abrigo y se queda unos minutos más con su felino, tratando de entender qué le inquieta mientras lo abraza y le habla. Pasa media hora y Shirley tiene que irse. Corre hacia el metro, pero, cuando llega a la estación, se encuentra con que aquello es el infierno. Fue el 7 de julio de 2005. El día en que murieron 52 personas en un atentado en el metro de Londres. Shirley no se había subido a aquel tren. ¿Gracias a Snoopy?

El juego de las tres cartas

En la Red circulan un par de videos curiosos: algunos gatos siempre adivinan dónde está escondida la pelota, ya sean tres vasitos de metal o tres cáscaras de nuez. Hay varias hipótesis sobre cómo logran adivinarlo. En el caso de Kido, quizá sea su oído altamente sensible el que le ayude a distinguir el origen del sonido causado por el choque de la bola de metal contra la pared del recipiente, que también es de metal, o tal vez haya alguna abertura que nosotros no vemos y el gatito da con la pata en la que ve moverse la pelota. En cualquier caso, es fascinante verlos escudriñar los recipientes. Para ver los videos, basta con poner las palabras clave *«cat guessing game»* en el motor de búsqueda de YouTube.

Emociones
felinas

¿Los gatos se emocionan?

A quienes les gusten los gatos les puede parecer una pregunta bastante tonta. ¡Pues claro que sí! ¡Nuestros gatitos tienen sentimientos y se emocionan! Pero, como todavía hay gente que cree lo contrario, que cree que los animales son única y exclusivamente un cúmulo de instintos envueltos en un bonito y suave pelaje, tenemos que dar una respuesta científica si queremos hacerlos cambiar de idea. En primer lugar hay que definir qué se entiende por emoción. Neurólogos, psicólogos, filósofos, escritores…, cada una de estas categorías de pensadores aporta su propia explicación. De hecho, la definición de emoción es de todo menos clara y definida. Es curioso pensar que todos sabemos lo que significa «amor», por ejemplo, pero que en el momento en el que tenemos que definir lo que es, nuestras certezas se tambalean. Es un poco como cuando miramos el reloj: entendemos qué hora es porque sabemos cómo medir el tiempo, pero si tuviéramos que definir qué es realmente el tiempo, nos quedaríamos sin palabras. Las emociones se sienten en el interior, pero también tienen consecuencias en el exterior, en lo físico. Piensa en cuando alguien nos hace enojar. Por ejemplo, nuestro jefe. Sus palabras irritantes nos llegan al cerebro y desencadenan una serie de reacciones físicas, como el aumento de la presión y el enrojecimiento de la cara, pero también un conjunto de sensaciones, como el deseo de darle un puñetazo en la nariz, de gritar o de llorar de nerviosismo. Las emociones siempre afectan al cuerpo y a la mente. Hay diferentes teorías sobre lo que es una emoción y cómo surge, pero los científicos suelen estar de acuerdo en que son distintas de los estados de ánimo, aunque en el lenguaje cotidiano a menudo confundimos una cosa con la otra. La emoción es intensa y de corta duración, y se desencadena por algo (una discusión, un abrazo, etc.), mientras que el estado de ánimo dura más tiempo y no siempre es fácil identificar qué lo determina. En cualquier caso, lo que sí es seguro es que, en el centro de la fábrica de las emociones, está el cerebro. Y las estructuras que regulan las emociones de los seres humanos son idénticas a las de los gatos, por lo que no hay razón para afirmar que los gatos no sientan emociones. Las manifestarán de otro modo y sentirán de forma distinta a como lo hacemos nosotros, pero las emociones felinas existen. El centro de procesamiento de las emociones es la amígdala, una región del cerebro con forma de almendra que es especialmente sensible a las situaciones ambientales que nos producen miedo. En los bípedos, se activa, por ejemplo, con un viaje en una montaña rusa o en un examen, mientras que para el gatito la amígdala empieza a trabajar en situaciones como una visita al veterinario, donde los sonidos, las luces y los olores son... aterradores. Las señales que llegan al cerebro a través de los órganos de los sentidos (ojos, oídos, etc.) pasan primero por una estructura del sistema nervioso central llamada tálamo y luego por la amígdala. Al mismo tiempo, otra señal de lo que está ocurriendo llega al neocórtex (aprendizaje, lenguaje y memoria). De este modo, la amígdala es capaz de desencadenar una reacción inmediata, como si se tratara de un interruptor salvavidas que se activa de inmediato, para ordenar la liberación de hormonas (adrenalina, dopamina y noradrenalina) que nos predisponen a escapar o a luchar. Incluso la emoción placentera que siente el gatito al ver entrar a su bípedo por la puerta, quizá al final del día, es el resultado de la activación de la amígdala e induce, a través de las endorfinas, el efecto que vemos: cola erguida y relajada, ronroneo de satisfacción, saltos y roces para borrar olores extraños, porque somos «su propiedad». Luego está la corteza prefrontal, que se comunica con la amígdala. Si la amígdala grita: «¡Eh! ¡Peligro! ¡Corre!», el córtex prefrontal contesta: «¿Estás seguro de que eso es un peligro?». Si no lo es, el cerebro procesa la información y la reacción de miedo cesa inmediatamente. En los gatitos, el córtex prefrontal está menos desarrollado, por lo que ante un juguete nuevo, tal vez demasiado grande, prevalece la actividad de la amígdala y la reacción es de miedo. Solo al cabo de unos días, tras observarlo bien desde lejos y luego olfatearlo de cerca, dejan de tener miedo y entienden que se trata de un juguete nuevo. Por la misma razón, los gatos pueden pasar años aterrorizados por el sonido de una aspiradora: su córtex no les ayuda a comprender que no hay peligro para ellos, mientras la amígdala les grita que huyan. El hipocampo, la región del cerebro que almacena los recuerdos a largo plazo, también está conectado a la amígdala y participa en las emociones. Por ejemplo, podemos volver a emocionarnos al pensar en el día que consideremos el mejor de nuestra vida, mientras que un gato puede recordar la última vez que el perro del vecino entró ladrando en casa y tuvo que esconderse debajo del sillón asustado. Si vuelve a entrar el mismo perro en la casa, esto estimulará

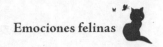

el hipocampo del gato y, por tanto, la amígdala, que gritará «¡Peligro! ¡Perro!» y lo incitará a esconderse.

¿Los gatos sueñan?

Sí, durante la fase REM (*Rapid Eye Movement*), igual que nosotros. Este momento del sueño se llama así porque los ojos se mueven al azar y muy rápido. En 1959, el médico francés Michel Jouvet, profesor de Medicina Experimental de la Universidad de Lyon, demostró que los gatos también sufren parálisis muscular durante la fase REM, un mecanismo de protección que el cerebro pone en marcha, pues, de lo contrario, durante el sueño podríamos movernos sin darnos cuenta y acabar haciéndonos daño (caernos de la cama o darle una cachetada a la pareja que tenemos al lado). Pero ¿con qué sueñan los gatos? Quizá con escenas de caza: atacan, se defienden y exploran. Mirándolos, es fácil averiguar si están viviendo en el mundo de los sueños, porque hacen micromovimientos: se les mueven las mejillas, les tiemblan los bigotes, dan pequeñas sacudidas con las patas y mueven la punta de la cola. A veces emiten sonidos extraños. La fase REM no dura más de cinco minutos (la nuestra dura unos quince) y se alterna con momentos de sueño superficial, en los que el cerebro entra en una especie de «modo de espera», es decir, que el gato está listo para saltar en cuanto un estímulo externo perturbe su descanso. En los gatos, la fase REM ocupa el sesenta por ciento del tiempo total de sueño (mientras que en los humanos es el veinte por ciento). Una observación muy interesante que hizo el naturalista británico Charles Darwin en su libro *El origen del hombre* (1871) es que los animales probablemente tienen conciencia porque son inequívocamente capaces de soñar. De hecho, las imágenes de los sueños son un producto complejo del cerebro, que requiere recuerdos, sensaciones y un resurgimiento de las emociones que solo un ser consciente puede tener. Los bípedos que amamos a nuestros pequeños felinos no teníamos ninguna duda.

¿Por qué nos ponen las patas encima cuando duermen?

Lo confieso, me encanta cuando Chicco se acurruca a mi lado cuando me acuesto. Estira las patas delanteras hasta que me tocan el brazo, y entonces se queda dormido. Sucede cuando el gatito se siente relajado y seguro junto a nosotros. La necesidad de contacto físico puede estar muy desarrollada en el gato y es bueno complacerla. Este espléndido animal vive entre las cuatro paredes de la casa, constantemente dividido entre sus instintos de depredador solitario y de gatito necesitado de mimos de mamá gato, o mejor dicho, de mamá humana. Estirar una pata antes de dormirse, alargar los dedos y ponérnoslos en la pierna o en los brazos son señales de afecto y también una forma de dejar su olor. Tiene un efecto tranquilizador.

¿Por qué chupan la lana?

Normalmente, los gatos que tienen esta costumbre fueron separados de su madre demasiado pronto (lo mejor es esperar a los tres meses). A veces se comete el error de separar al cachorro en cuanto empieza a comer alimentos sólidos, cuando en realidad el gatito aún no está preparado, ni psicológica ni físicamente, para separarse de su madre. Esto le causa un verdadero trauma, que incita al gato adulto a chupar la lana. No sabemos qué es exactamente lo que desencadena el impulso de retroceder en el tiempo adoptando una actitud infantil, pero mamar es lo primero que hace un gatito recién nacido: cuando se adhiere al pezón, siente el calor de la madre y los latidos de su corazón, una situación extremadamente tranquilizadora. Si el gato lo hace sobre todo cuando está en brazos de su compañero humano, significa que se siente seguro y es una forma de demostrar su afecto: mientras tiene el tejido en la boca, «amasa» con las patas del mismo modo en que lo hacen los gatitos cuando empujan el abdomen de su madre para que salga la leche. Las situaciones estresantes, como una mudanza, una separación o la llegada de un bebé, también pueden generar en el gato el deseo de chupar lana porque es una forma de calmarse, un poco como cuando un niño se chupa el pulgar o un adulto se muerde las uñas.

¿Por qué entrecierran los ojos?

Chicco está sentado como una estatuilla, mirándome. Está tranquilo, relajado, quién sabe en qué está pensando. Tal vez en el sentido de la vida. O quizá en cuánto falta para la comida. Sean cuales sean sus pensamientos, si empiezo a hablarle suavemente, en un tono tranquilo, responde entrecerrando los ojos. Los «gatófilos» anglosajones lo llaman *cat kiss* (beso de gato), porque, en efecto, es una señal de afecto: de ese modo nuestro peludo amigo nos está diciendo que está sereno, tranquilo y que confía en nosotros. Si intentamos hacer el mismo gesto, es muy probable que el gato responda de nuevo, entornando rítmicamente los ojos. Y se sentirá muy satisfecho de haber

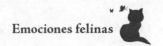

entrenado a su bípedo para que entienda y responda con los signos del lenguaje felino. ¡Qué lindos!

¿Cómo nos perciben?

Cuando «amasan» sobre nosotros retroceden en el tiempo e imaginan que vuelven a ser pequeños y están en compañía de su mamá. Cuando mastican nuestro pelo están convencidos de que están renovando su amistad con nosotros. Nos educan para entender su lenguaje corporal, nos invitan a jugar, nos traen cadáveres de pajaritos e insectos para mostrarnos lo bien que cazan y que, sí, deberíamos aprender de ellos. ¿Cómo nos ven los gatos? El biólogo británico John Bradshaw, que lleva treinta años estudiando su comportamiento, sostiene que nuestros pequeños peludos nos ven como… gatos. Grandulones, un poco torpes y algo tontos, porque a veces no los entendemos, pero ellos nos quieren (si los tratamos con cariño). Una de las pruebas más consistentes de su afecto es la serie de golpecitos que nos dan con la cabeza de vez en cuando y el frotarse contra las piernas: dejan su olor en nosotros porque nos consideran un «colega» no hostil y no agresivo. Y no nos exigen que hagamos lo mismo.

¿Por qué amasan?

Ahí está, nuestro gatito. Estamos echados en el sillón o en la cama y se nos acerca lentamente, como solo un gato sabe hacer. Nos mira con los ojos semicerrados, olfatea en busca del lugar adecuado y luego comienza a amasar. En el suéter, la panza o cualquier otro punto de nuestro cuerpo que sea lo suficientemente suave. Sus pequeñas patas delanteras presionan rítmicamente, primero una y luego la otra, con los dedos bien abiertos. El ronroneo es intenso; la relajación, máxima. En ese momento, el gatito regresa en el tiempo y disfruta de la sensación de estar todavía junto a la panza de la mamá, cuando le apretaba los pezones en busca de leche. Los gatos también pueden hacerlo en la ropa de sus bípedos, en suaves cojines impregnados del olor familiar o en el vientre de otro gato. Si lo hacen con nosotros, debemos considerarnos honrados, aunque sus pequeñas garras nos atraviesen como alfileres. En ese momento de éxtasis, nuestro gatito se confía completamente a nosotros, no hay abrazo más tierno de nuestro querido peludo.

¿Es feliz mi gato?

El veterinario estadounidense Nicholas Dodman ha elaborado una lista de puntos que nos indican si nuestro gato es feliz. Nuestro minino es feliz si duerme de diez a dieciséis horas, sobre todo por la noche. Si nos pide el desayuno muy temprano, si responde atentamente a nuestras llamadas y a nuestros juegos, si interactúa positivamente con los demás animales de la casa, si sale a nuestro encuentro feliz de vernos cuando volvemos del trabajo, con los ojos muy abiertos y la cola suavemente levantada, si se acurruca en el sillón junto a nosotros por la noche, aunque sea durante diez minutos, dándonos la sensación de que busca contacto físico y si responde a las caricias con un ronroneo, entonces sí, el suyo es un mundo perfecto.

Humano, ¿entiendes lo que estoy maullando?

Siempre he tenido la sensación de que mi Chicco entiende lo que le digo. Una vez dejé dos cuadros en la mesa del salón, uno encima del otro. Como harían todos los gatitos, tentados por la pequeña diferencia de altura, Chicco se subió encima, corriendo el riesgo de romper el cristal y hacerse daño. Yo estaba sentada en la mesa. Lo miré y, en un tono extremadamente tranquilo, le dije: «Chicco, deberías bajarte de ahí; si no, se va a romper todo». ¿Y qué hizo? Se bajó inmediatamente y se sentó junto a los cuadros. Este es solo uno de los muchos episodios en los que Chicco (junto con muchos otros gatos que he tenido) me ha hecho pensar que no es cierto lo que afirman los científicos, es decir, que lo que los gatos entienden realmente es el tono en el que se dicen las cosas, y no las palabras concretas. Tengo la clara sensación de que muchas sí las entienden. Forma parte del misterio de ser gatos. En cualquier caso, lo único que podemos hacer los bípedos es esforzarnos para entender su lenguaje de movimientos y maullidos.

Agresividad y miedo

Las orejas plegadas en horizontal o hacia atrás, las patas rectas, el torso arqueado, el pelaje erizado y la cola alta y recta: esos son los signos de un gato en tensión. Cuando prevalece el miedo, el gato se agacha en señal de sumisión. Aunque está listo para salir corriendo en busca de refugio, la cola «barre» el suelo moviéndose de forma nerviosa o se esponja hasta parecer un plumero, las pupilas se dilatan y algunos bufan. Cuando los veas así, no intentes tocarlos o tomarlos en brazos. Habla con un tono de voz calmado y suave, déjalos que encuentren un refugio, quizá debajo de la cama. Nunca los mires fijamente a los ojos de forma insistente a corta distancia, ni

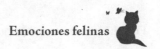

siquiera durante el juego: para los gatos, eso es un reto y una amenaza.

¿Por qué bufan?

Cuando un gato bufa, lo mejor es mantener la distancia. Es increíble cómo la carita de nuestro mimoso gatito se convierte en la de un animal dispuesto a matar: orejas hacia atrás, ojos rasgados que parecen dispuestos a disparar un mortífero rayo láser, labio superior levantado para mostrar los dientes y ese inquietante siseo combinado con el de un soplido rápido que hacen al empujar el aire a través de la lengua curvada. Al bufido no le sigue necesariamente el ataque. Los gatos son muy listos, saben que cualquier enfrentamiento puede ser letal y eso es una advertencia, un mensaje como: «Cuidado, enemigo, puedo hacerte mucho daño. Yo en tu lugar huiría». Los gatos domésticos pueden bufar ante el veterinario o un gato desconocido. En cualquier caso, es una situación en la que el gato está muy asustado, pero, como no quiere parecerlo, se «disfraza» para mostrar su agresividad. El cuerpo también comunica: el lomo se arquea y el pelo se eriza porque el gato enojado y amenazante quiere parecer más grande. ¿Qué podemos hacer si el gato se comporta así?

Regañarlo o cargarlo en brazos es un error. Hay que darle la posibilidad de escapar para refugiarse y darle un tiempo para que se tranquilice, tal vez hablándole con dulzura, sobre todo cuando se trata de presentarle a un nuevo miembro peludo de la familia.

La transportadora, ese gran problema

Hay gatos que le tienen tanto miedo a la transportadora que sus humanos desisten de llevarlos al veterinario y le piden al profesional que vaya a su casa. A veces está bien, pero si se requieren exámenes minuciosos con instrumentos especiales (por ejemplo, una radiografía), será necesario llevar al pequeño felino a la consulta. Sin embargo, meterlo en la transportadora se convierte en una experiencia tan traumática que hasta el acompañante humano sufre al ver a su gatito tan asustado. ¿Qué podemos hacer?

La única solución es acostumbrarlo desde pequeño para que no le tenga miedo: dejar la jaula abierta en casa para que pueda jugar a su alrededor y quizá ponerle algo de comida dentro. Lo importante es no ceder y no llevar al gatito en brazos. Eso sería muy peligroso, porque puede escapar fácilmente.

Algunas transportadoras se abren por la parte de arriba, así puede resultar un poco más fácil meter al pequeño paciente dentro.

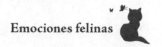

Relajado y apretujado

Para los gatos que están especialmente ansiosos o asustados (por una visita al veterinario; ruidos repentinos de la casa, como el timbre del teléfono; o por tormentas eléctricas, por citar algunos ejemplos) hay un chaleco especial llamado ThunderShirt que ejerce una suave presión sobre el torso del animal que estimula la producción de endorfinas, lo que favorece la relajación. Quienes lo han probado dicen que no hace milagros, pero que ayuda al animal a reducir su estado de agitación. El motivo, dicen sus inventores, es el mismo por el que se envuelve a los bebés o a las personas con estados de ansiedad graves (como quienes sufren autismo), para quienes se han creado camisetas de compresión especiales.

Relajación y comida

Cuando el gato se mueve de forma sinuosa, levanta la cola con suavidad formando un pequeño «gancho» con la punta, se arquea creando una pequeña joroba, levanta las patas delanteras dando una especie de saltito, quizá mientras se frota contra un mueble o nuestras piernas, y abre y cierra los ojos dulcemente, puede ser una petición de comida o simplemente de atención.

Sumisión y juego

Cada vez que llego a casa, Chicco me recibe en la puerta y luego, casi dando saltitos, me lleva a mi cuarto, donde se pone a dar vueltas en la cama hasta que se detiene con la panza al aire. Yo la llamo la «posición de gato feliz», aunque debería añadir «con ganas de jugar». En la naturaleza, este comportamiento se dirige a un gato dominante y significa: «Vale, tranquilo amigo, no seas agresivo. Me someto a ti, tú eres el jefe», pero en los gatos domésticos suele ser una invitación al juego. No hay que cometer el error de acariciarles la panza, un mimo que pocos gatos aprecian, ya que es la zona más delicada (los órganos vitales están expuestos) e instintivamente el gato tiende a protegerla, quizá mordiendo o lanzando una patada. En cambio, cuando dos gatos están jugando, la agresividad puede aumentar hasta niveles importantes: los mordiscos se vuelven más intensos, y la agresión, muy violenta. Los mechones de pelo vuelan de un lado a otro. A menudo, el gato macho «juega fuerte» para intentar dominar al otro. Cuando el más débil huye para esconderse, el «jefe» lo busca para continuar la «lección». ¡Las pupilas dilatadas y la cola alta y erizada son señales inequívocas! Para rebajar la agresión, se puede ordenar en voz alta y con firmeza: «¡Abajo la cola!». Los que lo han

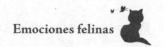

probado juran que funciona: el gato baja la cola, se relaja y se olvida del juego violento. Lo intentaré la próxima vez.

Afecto

Para mostrar su afecto, se sientan como una estatuilla y nos miran entrecerrando los ojos, sobre todo si les hablamos con suavidad. Si esto ocurre, puedes sentirte realmente honrados: has conseguido establecer una buena conexión con nuestro pequeño amigo. Pero el afecto felino tiene muchas otras formas de manifestarse. Los gatos a los que les gusta dormir abrazados a su bípedo, por ejemplo, no lo hacen por oportunismo, como muchos piensan erróneamente, para buscar una fuente de calor durante las noches de invierno. Muchos lo hacen también en verano. Y la felicidad que muestran cuando regresamos a casa es una manifestación sincera. La cola levantada suavemente y formando un «gancho» con la punta, el paso al trote o relajado, la búsqueda de contacto visual, el roce contra las piernas y unos cuantos maullidos. En definitiva, están realmente contentos de que su «gato gigante» haya vuelto. Los gatos no saben mentir.

¿Por qué mi gato me ignora?

A veces, su actitud es realmente frustrante para nosotros: los gatos no vienen cuando los llamamos y no se levantan de la mesa ni se bajan del sillón cuando se los pedimos. Pero sí reconocen nuestra voz, por lo que los científicos creen que, a pesar de su aparente distanciamiento, los gatos establecen un vínculo real con nosotros. Así lo demostraron unos investigadores japoneses de la Universidad de Tokio. En estudios anteriores se confirmó que los gatos domésticos evolucionan junto a sus humanos comportándose como cachorros y que nosotros los tratamos instintivamente como a los niños (piensa en las vocecitas idiotas que hacemos cuando les hablamos). Para que esta relación funcione, es necesario que los gatos reconozcan la voz de su humano. Y lo hacen. El experimento japonés se llevó a cabo en las casas de los gatos, donde ocultaron bocinas que transmitían voces de extraños junto con la del humano con el que vivían. Los gatos «respondieron» a la voz de su bípedo sin emitir sonidos ni mover la cola como hacen los perros, sino apuntando con las orejas y la cabeza en dirección a la voz conocida. Esto es una muestra de afecto, porque implica un complejo procesamiento mental relacionado con la memorización y el reconocimiento del bípedo. Además, los investigadores observaron la dilatación de las pupilas, una prueba irrefutable de la activación cerebral vinculada a las emociones fuertes. En otras palabras, los gatos tienen reacciones muy discretas y matizadas, y no son expansivos, como los perros. En la naturaleza, estas características les sirven para permanecer lo más invisibles posible a los ojos de los depredadores. Desde luego, no todos son iguales: en el experimento, algunos incluso emitían ronroneos al oír la voz de su humano. En conclusión, los gatos se comunican con nosotros, pero ¿somos capaces de entenderlos? Serenidad, ira, miedo: los gatitos no ríen ni lloran, pero su lenguaje corporal, si se observa con atención, puede decirnos mucho sobre su mundo emocional.

¿Qué hace un gato perplejo?

Ante la incertidumbre, ¿qué hacemos los seres humanos? Nos rascamos la cabeza u otra parte del cuerpo de forma casi inconsciente. Los gatos también tienen una reacción física ante lo que no entienden. Por ejemplo, ante un juguete nuevo o algo que revolotea detrás de la ventana. Si los gatos no entienden lo que están viendo, expresan su estado temporal de estrés pasándose la lengua nerviosamente por la nariz.

¿Y un gato estresado?

Se limpia en exceso, de forma obsesiva. Según los expertos, esto ocurre porque el miedo hace que la temperatura corporal aumente. A nosotros nos ocurre exactamente lo mismo. Sin embargo, mientras que nosotros podemos sudar profusamente en situaciones de estrés como reacción a la activación de la amígdala inducida por el miedo, los gatitos intentan dispersar el calor lamiéndose continuamente. Y, además, los gestos repetitivos se convierten entonces en un consuelo, una forma de aliviar la tensión.

¿Los gatos razonan?

¡Sí, y mucho! Hasta hace unos años, la mayoría de los científicos creían que los gatos, y los animales en general, no podían elaborar procesos mentales sofisticados y que simplemente vivían como una máquina con botones: ante un estímulo externo, el animal respondía en consecuencia, siempre de la misma manera. Afortunadamente, las actitudes han cambiado (en las investigaciones científicas, a menudo se encuentra «lo que se quería encontrar») y los investigadores se han dado cuenta de que las cosas son mucho más complejas. Por ejemplo, una de las cuestiones más interesantes que ha llevado a considerar la mente del gato como más «elevada» es lo que se conoce como permanencia del objeto. Este concepto fue desarrollado por el psicólogo suizo Jean Piaget (1896-1980), quien sostenía que el desarrollo de la inteligencia dependía de la capacidad del individuo para adaptarse al entorno físico y social. La permanencia del objeto es un concepto que los niños adquieren entre los dieciocho y los veinticuatro meses, cuando entienden que un objeto que está fuera de su cuerpo existe aunque no tengan una percepción directa de él. Por ejemplo, si a un bebé de diez meses se le muestra su madre y luego ella se esconde detrás de un biombo, el bebé creerá que su madre ha desaparecido. Pues bien, algunos estudios parecían demostrar que los gatos nunca alcanzaban el nivel de permanencia del objeto: si se escondía un comedero, el gato no lo buscaba porque consideraba que simplemente había desaparecido. En cambio, investigaciones más precisas han demostrado que los gatos, al igual que los niños de dos años, saben que un objeto puede estar escondido atrás de un biombo. Esto representa un gran avance: significa que el gato es capaz de crear un mapa mental de los objetos que lo rodean y «seguirlos» en el espacio, aunque estén ocultos. Lo curioso es que los gatos no toman las referencias espaciales del entorno (por ejemplo, el comedero está al lado de la silla), sino de sí mismos, es decir, el mundo es *felinocéntrico*. Por eso, si nos ven sacar el comedero de la cocina y llevarlo a la sala, no se dan cuenta de que el comedero cambió de habitación. Desde su punto de vista, el comedero simplemente ya no está ahí. Y lo buscan. Y es seguro que lo encontrarán, gracias a su fabuloso sentido del olfato.

¿Los gatos saben que son gatos?

La prueba del espejo no es para poner a prueba su vanidad (ellos ya saben que son preciosos), sino para averiguar si saben que son... ellos. Esta prueba la propuso el psicólogo estadounidense Gordon Gallup Jr. en 1970 para determinar si los animales poseían la capacidad de reconocerse en el espejo. Según el investigador, el reconocimiento es un signo de introspección, de autoconciencia y de saber que uno es un individuo distinto del entorno y de otros congéneres. Los científicos afirman que los chimpancés tienen conciencia de sí mismos porque se reconocen frente al espejo: saben que lo que están mirando es su propia imagen, mientras que los niños muy pequeños no se reconocen. El experimento consiste en poner un elemento extraño en el cuerpo del animal, como un punto rojo en la frente. Si este es consciente de que lo que está viendo cuando se mira en el espejo es su propia imagen, intentará tocar el «cuerpo extraño». Los gatos no solo ignoran el punto rojo, sino que primero se asustan porque creen estar viendo a un intruso, y luego ignoran por completo su imagen reflejada. ¿Es una prueba definitiva de que el gato no «sabe» que está en el mundo? Naturalmente, hay muchas dudas. Algunos argumentan que, al estar basada principalmente en la vista, no puede funcionar bien con los gatos y los perros, que no tienen este sentido especialmente desarrollado. Otros señalan que quizá a los gatos o a los niños pequeños simplemente no les llame la atención tener un punto rojo en la frente y que, por lo tanto, la prueba produce demasiados falsos positivos (es decir, resultados que parecen confirmar la ausencia de conciencia, pero que en realidad no lo hacen científicamente). ¿Conclusión? La prueba del espejo no es una herramienta válida y los gatos son conscientes de que están en el mundo (palabra de los amantes de los gatos, obviamente).

¿Por qué mi gato es tímido?

Hay gatos tímidos que, a pesar de mostrar afecto, salen huyendo en cuanto su humano intenta acariciarlos.

Todo depende de lo que el gatito haya vivido durante su primera infancia. Al igual que nos ocurre a nosotros, lo que sucede en las primeras semanas de vida es decisivo para el carácter. Los investigadores se han dado cuenta, además, de que hay un periodo crítico en la vida de un gatito, entre la segunda y la séptima semana de vida, en el que si reciben caricias de un humano, serán capaces de tener relaciones afectivas con las personas. Los cachorros que no han estado en contacto con su madre y sus hermanos tienden a jugar de forma violenta, «trepan» a las piernas del bípedo como si fueran un árbol y muerden sin ser conscientes del daño que pueden hacer. Y no es de extrañar, ya que no han tenido a nadie que les enseñe a través del juego las reglas de la lucha. Separar a los gatitos de la madre antes de las ocho semanas de edad también afecta negativamente su desarrollo emocional e intelectual. Dicho de otro modo, los gatitos que han tenido una buena infancia, llena de estímulos visuales, sociales y táctiles, serán más «inteligentes» y estarán más dispuestos a aprender cosas nuevas durante su vida doméstica. De todas formas, con un poco de suerte y mucha paciencia también se puede entrar en sintonía con un gatito menos afortunado. Aunque de adulto sea más tímido, seguirá encontrando la manera de comunicar su afecto, y entonces dependerá del humano entender cuál es. Por ejemplo, hay gatos que detestan que se les toque cuando el humano está de pie (tal vez por algún trauma que han sufrido), pero se vuelven muy mimosos cuando el humano se recuesta en la cama.

¿Cada gato tiene su carácter?

Por supuesto, como las personas. El carácter se ve influido tanto por la genética (los gatos sociables pueden transmitir ese rasgo a su camada) como por el entorno. Un gato que vive en un hábitat ruidoso, con personas que se gritan, probablemente será nervioso y tímido. Por el contrario, un entorno familiar tranquilo favorecerá el desarrollo de un carácter sociable. De hecho, los gatos tienen una personalidad especialmente maleable durante la etapa de transición de la infancia a la edad adulta, pero diversos estudios confirman que, al igual que nos pasa a los humanos, lo que ocurre durante los primeros meses de vida es crucial para el carácter del gato. Por ejemplo, los gatitos que se acostumbran desde una edad temprana (sobre todo de la segunda a la séptima semana de vida) al contacto humano a través de mimos y caricias demuestran estar más dispuestos a interactuar con los humanos cuando son adultos.

No es necesario que el contacto sea con el bípedo definitivo, lo que importa es que los toque suavemente un ser humano. Aunque, lógicamente, puede haber excepciones. Solo hay que pensar en esos gatitos recién nacidos que han sido abandonados, a los que luego los humanos alimentan con biberón. El contacto físico es frecuente y constante, pero de adultos pueden tener problemas de carácter y ser más agresivos. La ausencia de su madre y sus hermanos marca de forma negativa al gatito, que, entre otras cosas, no ha aprendido mediante el juego a dosificar la fuerza y la impetuosidad.

¿Los gatos hacen desaires?

Por fin llegas a casa después de un día muy largo y te encuentras el cuenco del agua volcado, el rollo de papel higiénico completamente deshecho o un nuevo arañazo en el sillón, y lo primero que piensas es: «Claro, el gato lo hizo para fastidiarme, porque estuve demasiado tiempo fuera». Pero no, no es así. El gato no hace las cosas por rencor, sino por su propio placer. ¡Derramar el cuenco del agua es un juego padrísimo, arañar el sillón es un placer y deshacer el rollo de papel higiénico es muy divertido! Aunque, desde luego, el gato puede estar estresado por la soledad (por eso

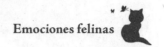

siempre es mejor tener una pareja), y entonces decidir que un arañazo le levantará el ánimo. En resumen, no es un despecho dirigido a sus bípedos, sino una gratificación que se da a sí mismo.

¿Los gatos son celosos?

Si llega un bebé a la familia o los humanos traen una nueva pareja a casa, el gato puede reaccionar ante la falta de atención con un comportamiento inusual: dejar de jugar, lamerse compulsivamente, hacer sus necesidades fuera del arenero, etc. ¿Y cómo vamos a culparlo? Antes era el centro de nuestro mundo y ahora se ve desplazado. Esta situación puede ser muy estresante, por lo que debemos demostrar al felino que sigue siendo muy importante para nosotros. En nuestros corazones hay lugar para todos, ¿no?

¿Los gatos se avergüenzan?

Una noche me despertó un golpe terrible. Medio dormida, el estruendo de un pequeño jarrón de cerámica había sonado como si hubiera explotado una bomba nuclear en la sala. Cuando llegué al lugar de la travesura, Chicco estaba de pie, de espaldas a los trozos rotos, mirando atentamente, y hasta olisqueando un poco, el mueble bajo el que estaba, a unos centímetros del accidente, como si lo viera por primera vez en su vida. Los investigadores no saben si los gatos experimentan sensaciones de incomodidad, pero desde luego saben negar la evidencia con una habilidad embarazosa.

¿Tienen idea del tiempo?

Chicco me despierta todas las mañanas a las cinco. Ni un minuto antes ni dos minutos después. A las cinco en punto. A esa hora se le abre un hueco en el estómago que tiene que llenar inmediatamente. Lo curioso es que, hasta con el cambio de horario, Chicco aparece a las cinco. ¿Por qué? ¿Sabe leer la pantalla del despertador? Lo más seguro es que oiga algún ruido (tal vez algún vecino mío se levante a esa hora), de lo contrario no se explicaría la puntualidad tras el cambio de horario, pero en cualquier caso necesita comer. Lo intenté con un comedero automático que abría la tapa a la hora establecida, pero al cabo de unos meses aprendió a forzarla, por lo que se volvió completamente inútil. Por desgracia, las investigaciones en el campo de la percepción del

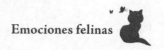

tiempo son más bien escasas y no han dado grandes resultados. Pero he observado una cosa curiosa: si estoy fuera de casa durante una hora, normalmente para ir al supermercado, cuando regreso Chicco no sale a recibirme. En cambio, cuando paso fuera al menos tres horas, viene con la cola levantada y hace una serie de ronroneos. Este tipo de comportamiento fue objeto de un experimento que se realizó en Suecia con perros. Los investigadores los separaron de sus dueños durante treinta minutos, dos horas y cuatro horas. Después de las dos y cuatro horas, las celebraciones por la alegría de volver a ver a su humano fueron más intensas que después de media hora. Según los científicos, esto demostraría que los perros pueden distinguir entre media hora y dos o cuatro horas, pero no entre dos y cuatro horas. ¿Y los gatos? Pues yo diría que también.

¿Su cerebro es la mitad del nuestro?

En comparación con el tamaño del cuerpo, sí. El cerebro humano ocupa alrededor del 2 % de la masa corporal total, mientras que el del gato ocupa el 0.9 % (el del perro, el 1.2 %). Evidentemente, no hay que relacionar el tamaño del cerebro con la inteligencia. La prueba experimental es que todos conocemos gatos muy inteligentes y bípedos..., ¿cómo decirlo?, no muy dotados. En algunos experimentos se ha demostrado que los gatos tienen una memoria a corto plazo de unas dieciséis horas (así que si le llenas el comedero de carne asada por la mañana, puede estar seguro de que por la tarde el gato se acordará muy bien y seguirá queriendo lo mismo), mientras que en los perros el tiempo es solo de cinco minutos. En cuanto al aprendizaje de cosas nuevas, este se produce principalmente por imitación: si un gato aprende a saltar sobre el librero, otro gato que lo observe aprenderá a hacer lo mismo, y si abres el refrigerador delante del gato, tarde o temprano sabrá qué hacer para lograrlo (si el esfuerzo vale la pena). Por eso, los gatos muy inteligentes son los que se ven estimulados y tienen una vida interesante y curiosa, llena de oportunidades de juego e interacción con su humano. Al igual que nosotros, la estimulación y las emociones positivas mantienen el cerebro joven.

Y si crees que un gato es menos «inteligente» que una tableta, fíjate en esto: un iPad es capaz de realizar 170 millones de operaciones por segundo, mientras que el cerebro de un gato realiza 6.1 trillones por segundo. No, no tiene wifi, pero para decirle que es la hora de comer basta con una palabra: «¡Comida!».

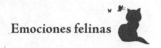

¿Por qué su dolor es tan distinto?

Hay bípedos, sobre todo machos, que por un cortecito en el dedo gritan de dolor. Los gatos, en cambio, se fracturan las patas y no dicen nada. El mérito es de su producción de endorfinas (neurotransmisores que actúan sobre los receptores cerebrales del dolor y lo «apagan»), que es más eficiente que la nuestra. Por desgracia, esta característica felina tiene un inconveniente: averiguar si un gato está sufriendo puede ser difícil, precisamente porque tienden a no quejarse. Por lo tanto, hay tener mucho cuidado: cualquier cambio en el comportamiento del gato (por ejemplo, si se mueve menos, come poco y con dificultad, etc.) puede ser una señal de alarma y siempre es mejor hablar con el veterinario inmediatamente.

¿Cómo ronronean?

Este es uno de los grandes misterios: ¿cuál es el mecanismo preciso que hace que los gatos puedan producir ese sonido suave y relajante? Algunos científicos afirman que lo provocan las turbulencias de la sangre que se «arremolina» en la vena cava inferior ubicada cerca del corazón, una vena que sirve para transportar la sangre desoxigenada desde la parte inferior del cuerpo hasta la aurícula derecha. En cambio, otros investigadores, como Dennis Turner, del Instituto de Etología Aplicada y Psicología Animal de Suiza, y Patrick Bateson, del King's College de Cambridge, creen que es mucho más probable que sean las vibraciones de los músculos de la laringe las que producen el ronroneo. Cuando el gato inspira y espira, el diafragma se mueve, empuja el aire hacia la laringe y, desde allí, el aire pasa a través de la glotis, que es un órgano cartilaginoso dividido en tres partes. Así, el paso repetido del aire, y, por tanto, la apertura y el cierre de la glotis, provoca el suave *ron-ron*. Durante el ronroneo, la glotis se abre y se cierra diez veces más que durante la respiración normal. Todo esto está gobernado por un grupo de neuronas que forman el oscilador neural, es decir, se coordinan para dar el impulso nervioso a los músculos de la laringe. Pero, ojo, el verdadero y auténtico *ron-ron* solo lo hacen los gatos, porque pueden hacerlo tanto al espirar como al inspirar. Los leones, los tigres, los leopardos y los jaguares emiten sonidos similares, pero no son verdaderos ronroneos porque sus vibraciones solo se producen durante la espiración. Los conejos, los lémures y algunos tipos de monos también emiten sonidos que pueden parecerse a los del gato, pero solo son gruñidos apagados. Que no se te olvide, bípedo: no confíes en las imitaciones, el auténtico *ron-ron* es solo el de tu gato.

Ronroneo en curso

El ronroneo no es en realidad un sonido, porque no se propaga lo suficiente como para que se oiga a distancia (aunque hay gatos campeones en esto de hacer ruido) y hay que acercarse al cuerpo del gato para oírlo. Para medir su frecuencia, los científicos han utilizado acelerómetros. Lo más probable es que tú también tengas uno en el bolsillo: hoy en día, casi todos los celulares lo tienen, ya que se utiliza para saber en qué dirección está orientado el teléfono y girar las imágenes de la pantalla, por poner un ejemplo. Estos dispositivos también son la base de los juegos en los que hay que moverse delante de una televisión equipada con sensores, como es el caso de la Wii. Pero volvamos a los gatos. A los participantes en el experimento les colocaron unos acelerómetros en miniatura (de solo 0.14 gramos) pegados a la piel con un pegamento especial que se utiliza en medicina, no tóxico y lavable. Durante la prueba, los animaron a ronronear amasando su manta favorita o con caricias de sus humanos. Cada sesión de ronroneo duró entre seis y diez minutos. Y esto es lo que descubrieron los investigadores: sin ninguna diferencia de tamaño o raza, todos los gatos producen vibraciones que tienen una frecuencia de entre 20 y 50 hercios, que puede llegar a alcanzar un máximo de 200. Lo más interesante es que, en medicina, estos valores se reconocen como frecuencias «curativas» para las fracturas, el crecimiento de los huesos, el alivio del dolor, las dificultades respiratorias y el dolor por inflamación. ¿A lo mejor por eso los gatos han evolucionado conservando la capacidad de ronronear? Tal vez los antepasados de nuestros gatos domésticos, después de una noche de caza y de enfrentarse a peligros y heridas, se refugiaban en algún lugar tranquilo y ronroneaban como si fuera una especie de automedicación para el cuerpo y la mente. Y ahora también lo hacen para expresar su afecto.

¿Qué comunica el ronroneo?

Cada vez que tomo en brazos a Chicco, sosteniéndolo de forma que apoye su barbilla en mi hombro, comienza el concierto: se pone a ronronear. Dura un par de minutos, no más. Después, cambia su estado de gatito mimoso por el de «bípedo, déjame en paz». ¿Por qué ronronea? En cuanto lo tomo y me lo acerco, Chicco pone en marcha su comportamiento de cachorro. De hecho, el componente infantil dura toda la vida de los gatos domésticos, que perciben a su humano como una especie de padre-gato. Para tranquilizar a sus cachorros, mamá gata ronronea mientras los amamanta, y algunas hasta ronronean durante el parto. Mucha gente cree que los gatos solo ronronean para comunicar alegría y relajación, pero no es así. Los gatos enfermos y en fase terminal también ronronean. Los investigadores dicen que es posible que el ronroneo los ayude a calmarse, ya que oírlo estimula la producción de endorfinas, las hormonas que inducen una sensación de bienestar.

¿Por qué responden con un ronroneo?

Cuando le hablo a Chicco en tono maternal, hago una vocecita realmente tonta, pero, según parece, es muy eficaz para comunicarle todo mi cariño, porque Chicco se pone a ronronear. Es como si reconociera la dulzura con la que le digo que su comida está lista, que le estoy llenando el comedero, que le voy a lanzar un muñeco o que le deseo buenas noches, y él reacciona con una alegría «ronroneante». También lo hace cuando está descansando y me agacho para susurrarle que es un gatito precioso, que él es mi cachorrito y otros cariñitos que demuestran hasta qué punto puedo llegar a resetear mi cerebro frente a mi querido animal. Cuando utilizo el tono maternal, prevalecen los sonidos agudos, los mismos que emiten los cachorros y que «apagan» la agresividad de los gatos adultos. Por algo los sonidos agudos se utilizan también durante el cortejo y para indicar sumisión social. Los investigadores creen que los gatos entienden la entonación de la voz, es decir, la musicalidad de las palabras, pero no las palabras en sí. Sobre esto tengo algunas dudas: como dije antes, cuando digo palabras como «comida», «Chicco» y «fuera» pronunciándolas con el tono más neutro posible, Chicco las entiende perfectamente.

¿El ronroneo cura?

Algunos expertos han propuesto otra teoría relacionada con el ronroneo durante la enfermedad: las vibraciones asociadas al ronroneo, que tienen frecuencias medias que oscilan entre los 20 y los 50 hercios (aunque pueden llegar a los 200), podrían acelerar la curación, sobre todo la de los huesos. Se han realizado estudios sobre este tema para comprobar si los seres humanos podemos beneficiarnos de estas vibraciones y los científicos han descubierto que, efectivamente, existen frecuencias parecidas a las del ronroneo que pueden estimular la actividad de las células óseas y las estaminales. Uno de los científicos que ha estado trabajando en este tema tan fascinante es Clinton Rubin, que dirige un departamento de investigación en la Universidad Estatal de Nueva York. Me puse en contacto con él por correo electrónico y me explicó que la sensibilidad del cuerpo humano a ciertas vibraciones no lo sorprende en absoluto: hasta los colores son vibraciones del campo electromagnético, y solo ciertas células (conos y bastones), cuando funcionan adecuadamente, nos permiten ver el mundo con todos sus matices, al igual que ocurre con las vibraciones que ponen en movimiento las moléculas de aire y se traducen en sonido después de estimular el nervio acústico. Por otra parte, ¿por qué iba a sorprendernos que las vibraciones «curativas» tengan una amplitud pequeña? ¿Acaso los sonidos fuertes y la luz cegadora proporcionan sensaciones agradables? ¡Claro que no! El profesor Rubin también señala que los músculos vibran al contraerse. Cuando estamos de pie, se producen entre 20 y 50 vibraciones por segundo. Estas frecuencias se transmiten a los huesos para señalar que estamos activos y dichos valores pueden utilizarse para mejorar la densidad ósea, como él mismo descubrió en 1999. Y estas vibraciones son similares al ronroneo. Entonces, ¿podría funcionar la «ronroneoterapia» para los bípedos? Es decir, si estamos enfermos y nos situamos al lado de nuestro gatito mientras ronronea (suponiendo que se digne a hacerlo), ¿podría ayudarnos? Quién sabe.

¿Basta un *miau* para convencernos?

Miau es una onomatopeya que reproduce el sonido emitido por los gatitos. Miau tiene muchos matices. Chicco es un vocalizador extraordinario. Por ejemplo, cuando viene a perturbarme el sueño al amanecer, su suave y apacible maullido se abre paso en mi oído derecho. Creo que estoy soñando y doy media vuelta instintivamente para alejar este «picor» sonoro. Y, sin embargo, ahí está de nuevo. Más decidido, más molesto, más determinado. Es el implacable «ronronmiau», una mezcla entre un ronroneo y un sonido agudo que se repite con regularidad hasta que ya no puedo más, y entonces me levanto y lo sigo hasta la cocina para darle una dosis extra de comida. El hábil minino consigue lo que quiere simplemente modulando los maullidos hasta que se me hacen insoportables. Chicco también vocaliza durante el día, cuando estoy demasiado ocupada con un trabajo urgente, aunque luego descubro que no debe ser tan urgente si lo interrumpo para ir a ver qué quiere. Sea como sea, lo que sí es seguro es que no estamos inventando nada: está científicamente demostrado que ese maullido es imposible de ignorar porque «contiene» algo especial. Así lo descubrió la investigadora Karen McComb, de la Universidad de Sussex (Inglaterra), que realizó un estudio inspirado en su gato Pepo que posteriormente publicó en *Current Biology*. La investigadora les pidió a varios humanos que grabaran los maullidos de sus gatos. A continuación, analizó matemáticamente los sonidos de los felinos y descubrió que las «llamadas» más molestas contienen unos sonidos agudos cuya frecuencia es igual a la del llanto de un bebé. Y para los humanos, ignorar el llanto de un bebé es imposible. Los gatos tienen éxito en esta seducción sonora porque utilizan dos mecanismos diferentes para mezclar ronroneos y maullidos. Los primeros son emisiones de baja frecuencia (agradables y relajantes) producidas por las vibraciones de los músculos de la laringe; los segundos son sonidos agudos obtenidos mediante las vibraciones de las cuerdas vocales. No podemos saber lo que pasa por sus cabezas, pero parece que son principalmente los gatos domésticos los que han desarrollado este truco, simplemente a través de la experiencia, es decir, después de comprobar que funcionó una vez, el gato utiliza este maullido implacable una y otra vez. En otras palabras, los gatos han aprendido a conseguir lo que quieren pidiéndolo con firmeza. Un periodista de la BBC le preguntó a McComb: «¿Cómo se siente al saber que su gato ha estado manipulándola todos estos años?». La científica respondió: «Bueno, gracias a Pepo he podido publicar un estudio en una revista de prestigio, así que lo he perdonado».

Los aficionados al «pruñau»...

Chicco maúlla para pedir comida, para jugar, para llamar mi atención, para decirme que hay que limpiar el arenero o que necesita mimos. Total, que me ha adiestrado muy bien. Los gatos que viven en la naturaleza no utilizan el maullido como principal medio de comunicación. Ellos prefieren el lenguaje corporal, a menos que se den situaciones concretas, como las que implican un alto nivel de agresividad, en las que bufar y escupir se convierten en claras advertencias sonoras. En cambio, los gatos domésticos han aprendido por experiencia que con los humanos es más útil expresarse con sonidos que mediante el lenguaje corporal (somos un poco duros para entender). Según los investigadores, estos sonidos vocales se dividen en tres categorías: en primer lugar, los murmullos, que se producen con la boca cerrada e incluyen ronroneos, trinos (una especie de ronroneo agudo) y aullidos (un murmullo aún más agudo); en segundo lugar, las vocalizaciones, sonidos que se producen con la boca abierta cuando se va cerrando gradualmente (incluyen muchos tipos de maullidos); por último, los sonidos producidos con la boca bien abierta, que a menudo se utilizan en situaciones agresivas, como al bufar, escupir, gruñir y chillar. Basándose en esta clasificación, en 2012 se realizó un estudio piloto en la Universidad de Gotemburgo (Suecia) en el que se analizaron 538 vocalizaciones de tres gatos domésticos (Donna, Rocky y Turbo). El objetivo era estudiar la vocalización de los gatos mediante técnicas habitualmente reservadas al estudio del lenguaje humano. Y esto es lo que descubrieron los científicos: la vocalización más común (246 de 538) registrada por los tres gatos es una mezcla de un murmullo con la boca cerrada y un *miau* (a mí me suena a «pruñau»), seguida del murmullo (183), luego el *miau* (79) y, por último, el cacareo. Turbo fue el más hablador: 313 vocalizaciones, seguido de Rocky (152) y luego de Donna (73; como ves, no es cierto que el sexo femenino hable mucho). A juzgar por la variedad de la duración de los maullidos y la amplia gama de frecuencias, todo apunta a que el gato posee un verdadero lenguaje propio. Los expertos concluyeron que esta hipótesis debía estudiarse con más detalle y con instrumentos de medición creados específicamente para las vocalizaciones felinas.

Trinos, ronroneos y ultrasonidos

¿Cuánto puede aturdir un maullido bien hecho cerca de la oreja? Mucho. Se ha medido el nivel de presión sonora ejercido por las vocalizaciones de los gatos y se ha descubierto que oscila entre 45 y 65 decibeles. El ruido que hace un coche en movimiento es de 77 decibeles. La diferencia con un gatito de voz «potente» puede parecer mínima, lo cual resulta muy extraño, porque el coche es mucho, mucho más ruidoso que un maullido. En efecto, los decibeles son engañosos porque utilizan la escala logarítmica. En otras palabras, un sonido de 80 decibeles es diez veces más fuerte que uno de 70. El ronroneo más fuerte del mundo, al menos según los récords Guinness, es el del gato inglés Smokey, con sus impresionantes 67.7 decibelios, registrados a un metro de distancia. Esto corresponde al ruido que hace un Boing 747 al aterrizar a una distancia de 1 600 metros. Las mediciones se realizaron en presencia de un veterinario, un representante de la entidad protectora de animales de la ciudad y un ingeniero de sonido en casa de Smokey, donde su humana, Lucinda Ruth Adams, estimuló el ronroneo mediante caricias, cepillados y una rebanada de jamón. Después de escuchar la grabación de Smokey (que puede encontrarse en la Red escribiendo las palabras clave «Smokey Guinness World Record»), los miembros del Malta Feline Guardians Club objetaron que el gatito no ronroneaba de forma «pura», sino que producía sonidos que los expertos catalogan como trinos, es decir, sonidos agudos emitidos con la boca cerrada y que recuerdan un poco a las erres pronunciadas en francés. Dejando a un lado las discusiones, también hay maullidos silenciosos para nuestros oídos. Los cachorros de entre dos y seis semanas llaman a su madre emitiendo ultrasonidos. Nosotros no podemos oírlos, pero ella los recibe altos y claros y responde con la misma frecuencia.

Kñec, kñec, kñec

¿Qué es ese extraño sonido que emite el gato cuando está mirando un pájaro por la ventana? Da la impresión de que le están castañeando los dientes, pero no es eso. Los anglosajones lo llaman *chattering* (cacareo) y existen varias teorías. Podría ser una forma de desahogar la frustración por no poder alcanzar a su presa, algo parecido a lo que hacemos nosotros cuando farfullamos por la decepción de haber perdido el tren por muy poco tiempo o al ver que alguien nos quita el lugar de estacionamiento delante de las narices. Otros investigadores afirman que son sonidos de excitación e indican que el gato ya se está imaginando el momento en que le romperá el cuello al incauto pajarito. Si tu gatito se dedica a cacarear y quieres distraerlo de su posible frustración, ponlo a jugar: será un buen momento para que descargue toda su energía de depredador casero.

¿Y quién los entiende?

Cuando Chicco me llama, no entiendo bien qué es lo que quiere. A menos que sea la hora de comer, ¿será que necesita una limpieza rápida del arenero? ¿Querrá que juegue con él arrastrando el ratón de peluche con la cuerda? Captar sus intenciones no es tan intuitivo como podría parecer; y, evidentemente, no solo me pasa a mí. Unos investigadores estadounidenses del Departamento de Psicología de la Universidad de Cornell (Nueva York) realizaron un experimento con los maullidos de doce gatos. Después de grabar sus vocalizaciones (de dos tipos: peticiones de comida y maullidos de estrés, que lograron al meter al gato en el coche), se las pusieron a sus humanos para ver si reconocían los mensajes de sus amigos peludos. ¿Los resultados? No fueron espectaculares. En la mayoría de los casos, los humanos solo reconocían los maullidos si eran los de su gato. ¿A qué conclusión se llegó con esta prueba? Los investigadores afirman que los maullidos de los gatos no son muy expresivos ni diversos, o sea que si no los entendemos, es culpa suya; aunque con un

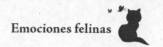

poco de concentración y práctica podemos mejorar. Yo no estoy de acuerdo, creo que los gatos saben pedir lo que necesitan y que somos los humanos los que no les prestamos suficiente atención.

4

Por qué se dan pasones con la **hierba** y otros comportamientos graciosos

¿Por qué duermen tanto?

Los gatos se pasan durmiendo de doce a quince horas al día. Es normal, porque tienen la fisiología de los depredadores. La caza es una actividad que requiere muchas calorías: desplazarse por las suaves sombras del crepúsculo, explorar, olfatear, escuchar los sonidos de la naturaleza hasta divisar una posible presa, atacarla y luchar para atraparla son actividades que exigen mucha energía. Esta es la vida de los gatos salvajes, claro. Los domésticos ya no tienen esa necesidad, pero su instinto sigue intacto: dormir mucho para conservar la energía. La convivencia con los seres humanos puede cambiar su ritmo natural, aunque es raro que un gato se eche a dormir durante las horas del atardecer y lo más probable es que le entren ganas de comer con los primeros rayos del alba (Chicco me recuerda casi todos los días que al que madruga... le llega antes la comida). Además, en el caso de los cachorros interviene otro factor: la hormona del crecimiento (somatotropina) se segrega durante el sueño y promueve el desarrollo de todo el organismo. Por eso es importante no perturbar nunca el sueño de los pequeños (también si son humanos).

¿Los gatos roncan?

Cuando los gatos están profundamente dormidos, a veces se oye el inconfundible sonido de sus ronquidos. Como en el caso de los humanos, los tejidos de las vías respiratorias superiores (garganta, nariz y faringe) están relajados, y el aire, al pasar, tiene suficiente energía para ponerlos a vibrar, lo que produce el típico sonido del ronquido. Algunas razas son más propensas, como los persas, ya que tienen un conducto nasal más corto y los tejidos internos se han desarrollado de forma tortuosa debido a la selección de la raza. Esta anatomía diferente hace que el aire pase por «caminos» anormales, de modo que a veces la respiración se hace audible hasta cuando están despiertos. Los gatos con sobrepeso también pueden roncar más que otros, porque la grasa que se acumula alrededor de las vías respiratorias comprime los conductos de aire, lo que provoca un aumento de las vibraciones y, por tanto, del ruido. Por lo general, si los ronquidos solo se producen cuando el sueño es profundo y no empeoran con el tiempo, no hay motivo de preocupación, pero si el ruido se hace más fuerte y persiste aun cuando el gatito respira despierto, tal vez acompañado de toses y estornudos, lo mejor es hablar con el veterinario, ya que podría indicar la presencia de infecciones, pólipos nasales, alergias y otras dolencias. ¿Más diferencias entre un bípedo y un gato que roncan? Es evidente: solo el primero es realmente molesto.

¿Por qué bostezan?

Cuerpo estirado, orejas planas, boca tan abierta que se pueden contar todos los dientes, bigotes estirados hacia delante: así es el bostezo felino. Es una reacción normal a la necesidad del cerebro de bajar la temperatura, como acaban de descubrir los científicos de la Universidad de Viena, pero hay algo más. Los mininos también utilizan el bostezo para comunicarse con nosotros. A menudo abren mucho las mandíbulas junto a los comederos, mientras preparamos la comida, para indicar su deseo de comer; o todo lo contrario, si están tranquilos y medio dormidos sobre su cojín favorito y nos acercamos a ellos para acariciarlos (en otras palabras, molestarlos), los gatos bostezan para advertirnos lo más discretamente posible de que no es conveniente insistir. Enseñar los dientes de ese modo viene a significar algo así como: «¿Ves a lo que te arriesgas?», una especie de advertencia destinada a evitar el conflicto directo. Se sabe que el bostezo es contagioso, incluso entre humanos y gatos, pero los mecanismos de imitación siguen siendo un enigma. Unos investigadores del Duke Center for Human Genome Variation han publicado un estudio en el que afirman que bostezar después de ver que otros lo hacen no es cuestión de empatía, como se creía hasta hace poco. Esta «sincronía», que disminuye con el paso de la edad, no está presente en todas las personas. El misterio continúa.

¿Por qué algunos se nos duermen encima de la cabeza?

La gata persa de mi abuela Anita dormía siempre sobre su cabeza y nos pasamos años preguntándonos por qué. Además, mi abuela sufría de insomnio y ese dulce peso no la ayudaba en absoluto. Pero aguantó, porque el amor por los peludos lo supera todo. Hay varias hipótesis para este curioso hábito. La más citada es la que afirma que los gatitos se acurrucan sobre la cabeza porque es la zona más caliente del cuerpo. En realidad, esta teoría acaba de ser refutada por los investigadores de la Universidad de Indiana en Indianápolis: la cabeza solo representa el 7 % de la superficie corporal y, a pesar de ser rica en vasos sanguíneos, no dispersa mucho calor. De hecho, está más fría que las manos, la espalda y las piernas. Además, si uno tiene mucho cabello, este actúa como aislante y el gatito no se beneficiará gran cosa del efecto «calentador». Si no es el calor lo que los atrae, podría tratarse de un comportamiento que el gato adopta para reafirmar su posición dominante: él es el jefe de la manada, y el bípedo, un gato gigante pero inferior (recordando el temperamento de la gata de mi abuela, yo diría que esta es la explicación correcta). También es muy interesante la posibilidad que ha propuesto la veterinaria Jane Matheys de la clínica veterinaria Cat Doctor de Idaho: al gato le puede gustar especialmente el olor del champú o nuestro olor personal, que lo calma y lo hace sentir «en casa».

¿Es cierto que hay que tomarlos por el cuello?

No. En el mundo solo existen dos seres vivos capaces de hacer eso correctamente: mamá gata y el veterinario. En cuanto la gata agarra a un cachorro, el gatito se queda colgando sin protestar, y cuando lo deja en el suelo, lo lame inmediatamente para aliviar el dolor que haya podido causarle. En todos los demás casos, el gato, una vez que ha crecido, percibe este agarre como una «trampa» (no puede girar la cabeza) y como un gesto de agresión. Y en cualquier caso, los gatos adultos no deben ser levantados por el cuello porque pesan más que un cachorro y la piel que tiene que soportar el peso puede verse afectada, causándole mucho dolor. La mejor forma de levantar a un gato, si es que nos lo permite, es meterle una mano debajo del pecho y la otra debajo de los cuartos traseros. Luego podemos apoyárnoslo contra el pecho para que se sienta más seguro, con firmeza, pero sin apretar. Para bajarlo, se hace a la inversa: nos agachamos, soltamos las patas delanteras y sostenemos los cuartos traseros mientras el gato «escapa».

¿Por qué les encanta que les rasquen debajo de la barbilla?

Cuando se establece el afecto y la confianza entre un gatito y su humano, rascarle debajo de la barbilla o detrás de las orejas es una de las cosas que más le gustan al felino. La cabeza es la zona que el gatito no puede limpiar con su fabulosa lengua, y por eso la barbilla se convierte en un punto que al animal le gusta restregar contra objetos duros, como el marco de la puerta o la esquina de un mueble (y nuestra mano). La barbilla y las mejillas también son ricas en glándulas que segregan sebo, al igual que los poros de nuestra piel. El sebo de los gatos es una sustancia aceitosa e impermeable que sirve para mantener el pelaje brillante y protegerlo del agua. También contiene feromonas, sustancias olorosas que el gato necesita para marcar su territorio y decirle al mundo: «¡Esto es mío!». Por este motivo, cuando les rascamos por debajo de la barbilla estamos haciendo dos cosas: les estamos dando un inmenso placer y, además, estamos aceptando que tenemos su «marca». Nosotros no percibimos este olor, pero para los otros miembros peludos de la familia serán señales fuertes y claras que sirven para identificar la pertenencia al grupo. Además, tiene un poder calmante para los gatos. Al acariciarlos, nos dejan su olor en las manos, que luego ellos olfatean. Esto sirve para tranquilizarlos y reforzar el vínculo que tenemos con ellos. No olvidemos que la primera que le «rascó» debajo de la barbilla y en el hocico fue su mamá, y por eso es extremadamente relajante y agradable para él. A veces, al igual que nos ocurre a los seres humanos, si el gato no se limpia el hocico lo suficiente, los poros que producen sebo pueden obstruirse, por lo que pueden aparecer puntos negros en la barbilla que llegan a picar. En ese caso, el veterinario te dirá lo que puedes hacer para solucionarlo.

¿Por qué algunos gatos odian los besos?

No tenemos cola, nuestras orejas no se mueven, nos falta el pelaje, no podemos maullar y tenemos esa desagradable costumbre de tocar. A pesar de estos defectos, los gatos nos ven como sus iguales, aunque seamos un poco raros. Somos nosotros los que tenemos que gatificarnos un poco para poder comunicarnos con ellos. Si nos acercamos a ellos en un mal momento, por ejemplo cuando un gatito está jugando y excitado por su fantasía de caza, no tendrá ganas de mimos ni de manos que lo acaricien, ni mucho menos de ver cómo acercamos nuestra cara enorme a su hocico. ¡O tal vez tenga sueño o mucha hambre y no tenga nada de ganas de perder el tiempo con mimos! Siempre hay que encontrar el momento adecuado para acariciar y, si es posible, besar a un gatito, teniendo en cuenta que apoyarle la boca en la cabecita no tiene mucho sentido para ellos. Si de verdad queremos acercarnos y dar la apariencia de un verdadero abrazo felino, tendríamos que rozarles con la punta de la nariz cerca de las orejas o en la cabeza, simulando el movimiento de la lengua de la mamá cuando limpiaba a sus cachorros. Si está en el momento adecuado de relajación, lo apreciará mucho. Y que no se te olvide hablar en voz baja.

¿Tienen cosquillas?

Hay gatos, como Chicco, que se pasarían horas dejándose rascar la panza, mientras que otros prefieren un pequeño masaje debajo de las patas, justo en la punta de los dedos, y disfrutan tanto que empiezan a ronronear. Otros, en cambio, no desean que se les toque ahí y, en cuanto se acerca la mano, la ahuyentan moviendo una pata trasera (si el humano apuntaba a la panza) o se retiran rápidamente, molestos. ¿Es porque tienen cosquillas? Depende de lo que se entienda por cosquillas. En 1897, dos psicólogos estadounidenses, Granville Stanley Hall y Arthur Allin, publicaron un estudio en el que proponían la existencia de dos tipos de sensaciones táctiles. Una de ellas es la knismesis: la provoca el roce ligero y puede desencadenar comezón. Es, por ejemplo, la que sentimos en el brazo si un insecto está caminando sobre él o si nos roza. Y luego está la gargalesis, que es el cosquilleo real, el que nos hace reír y reaccionar de forma imprevisible. Hasta ahora, las investigaciones demuestran que solo existe en los seres humanos y en los monos, y que está relacionada con el aspecto psicológico de una persona y su desarrollo psicofísico. Una interesante teoría dice que cuando los padres les hacen cosquillas a los niños y ellos reaccionan defendiéndose y riéndose, es un momento de juego que no solo sirve para reforzar el vínculo afectivo, sino también para aprender técnicas de defensa y lucha. ¿No te parece algo muy... felino? La mamá gata también enseña a través del juego de la caza y los cachorros juegan entre sí luchando. Volviendo a nuestra pregunta, es probable que los gatos no sientan los cosquilleos de tipo gargalesis, sino de tipo knismesis, y a los que no les gusta que les toquen en algunas zonas de su cuerpo es porque son más sensibles que otros.

¿Por qué nos muestran la cara B?

Cada uno se comunica a su manera. Cuando nos encontramos, entre los bípedos tenemos la costumbre de darnos la mano o, si nos conocemos mejor, besarnos en las mejillas. Pues bien, si el gato nos muestra el trasero con la cola levantada, deberíamos sentirnos honrados. Esto es mucho más que un beso, es una especie de abrazo con declaración de afecto. Cuando se encuentran, los gatos se acarician en el hocico y, si se gustan, en el sentido de que toleran la presencia del otro, se frotan las mejillas y se dan golpecitos en la cabeza. El siguiente paso de la presentación es dejarse oler debajo de la cola. Es como si se dieran «la pata» e intercambiaran tarjetas de presentación, una tarjeta que no es de papel, sino de olores (feromonas). Los olores que desprenden las glándulas anales contienen toda la información: sexo, edad, estado hormonal y olor personal. Así, al mostrar la cara B al bípedo, el gato comunica su voluntad de estar a su lado y le ofrece la máxima confianza porque expone una parte del cuerpo muy delicada. Cada lenguaje tiene sus propias palabras. Aprender a reconocerlas depende de nosotros.

Bonito hasta por atrás

Se suben al escritorio y, si no caminan sobre el teclado, se sientan tranquilamente dándonos la espalda; o, si no, en la mesa mientras desayunas o en la cama mientras lees un libro. La posición es siempre la misma: primero nos enseñan el trasero y luego se sientan dándonos la espalda. Desde luego, son bonitos hasta por atrás, pero nos gustaría que se sentaran mirándonos. En realidad, esta actitud revela una inmensa confianza en nosotros. Por más que nuestro minino no lo haya experimentado nunca, el gato es depredador y sabe por instinto lo que es estar ahí fuera, en el mundo, donde siempre lo pueden atacar por atrás. Sin embargo, ahí está, sentado de espaldas a nosotros, relajado. Probablemente, también sea una forma de decir: «Yo me ocuparé del territorio, tú sigue leyendo tu libro». Menos mal que están ahí para defendernos.

¿Por qué mueven el trasero cuando cazan?

Miley Cyrus debió inspirarse en los gatos para su *twerking*. El movimiento de trasero que escandalizó a todo el planeta ya lo hacían los gatos desde el inicio de los tiempos. Da igual que sea un pájaro de pluma y hueso o un ratón de juguete que le lance un humano, la postura de caza sigue siendo la misma: músculos tensos listos para salir disparado, bigotes hacia delante, pupilas dilatadas, patas delanteras recogidas una fracción de segundo antes del salto y... el trasero balanceándose de izquierda a derecha. El movimiento es irresistible, e internet está lleno de videos de gatos en esa posición. Busca «*cat wiggle*» en YouTube y encontrarás bastantes traseros balanceándose, incluso al ritmo de música muy bien elegida. La postura compacta y oscilante que adoptan los gatos les permite estirarse hacia delante en un instante, como si su cuerpo fuera un muelle listo para saltar. «Agitar»

el trasero les sirve para conseguir el equilibrio perfecto, porque los pequeños movimientos les permiten
distribuir el peso entre las patas traseras. No es muy
diferente de cuando nosotros nos balanceamos sobre
una pierna en la clase de yoga: las sacudidas que hacemos instintivamente nos sirven para mantenernos en
equilibrio.

Hjsjebfbbbbbd: ¿por qué les gusta sentarse en el teclado?

Y no solo en el teclado. Cuando me pongo a hojear
el periódico, solo me da tiempo a leer algunos titula-
res porque Chicco salta sobre la mesa y se sienta ocupando bastante espacio. Fin de la lectura. Ahora que
el papel es *vintage*, los gatos se han adaptado rápidamente a nuestra nueva pasión: la computadora. Eso
de caminar y echarse sobre el teclado es algo a lo que
no se pueden resistir. ¿Por qué lo hacen? Sobre todo
porque son situaciones tranquilas: estamos quietos,
casi inmóviles, en silencio, concentrados en la lectura o el video que estamos viendo. Y entonces, piensan nuestros gatitos, ¿qué hay mejor que acercarse al
bípedo para que nos regale unos cuantos mimos? No
lo hacen por fastidiar, ellos lo único que quieren es
que les dediquemos un poco de atención. A todo esto,

el periódico es particularmente suave y su textura les encanta a los gatos. Además, al estar hecho de celulosa, un material muy absorbente, su olor se queda impregnado enseguida entre las páginas. Para un gato, oler su territorio y frotarse contra el bípedo para decir «eres mío» es un momento de gran serenidad. Dejar su olor es fundamental, pues le ayuda a sentirse seguro, protegido y relajado. En cuanto al teclado, está claro que cuando pisan pueden hacer algún destrozo, como «desbaratar» un documento de Word. Por eso algunos genios de la informática han creado programas que bloquean el teclado en cuanto un gato pisa las teclas. Para el sistema Mac, por ejemplo, está el programa CatNip, que, cuando detecta que las teclas se están pulsando al alzar, bloquea el teclado y emite un pitido de advertencia. Estoy deseando que alguien invente un método para evitar que los pelos se queden atascados entre las teclas.

¿Por qué corretean por la cama al cambiar las sábanas?

He tenido muchos gatos y a todos les entusiasmaba el cambio de sábanas. Chicco no es una excepción. No hay más que desplegar la sábana en el aire para que se meta debajo de un salto y, en cuanto nota que aterriza sobre él, se pone a corretear como loco. Y si en ese momento lo toco, se da media vuelta y saca las uñas, como si estuviera dispuesto a luchar contra un misterioso depredador. En la Red hay docenas de videos de gatos «ayudando» a tender la cama. ¿Por qué lo hacen? Quizá su lado más salvaje les recuerde a cuando se arrastraban entre la maleza, protegidos por el follaje. O a lo mejor solo es muy muy divertido.

¿Por qué echan a correr de pronto?

El gatito está ahí, tan tranquilo, dormitando en la cama, o a lo mejor está en la ventana, observando el tráfico de palomas y pájaros varios, cuando de repente parece que ha sonado una alarma nuclear: echa a correr de un lado a otro, con el pelo erizado y las orejas tan estiradas hacia atrás que de pronto tiene los ojos almendrados de un siamés, y eso por no hablar de la cola, que se le ha esponjado tanto que parece que el peluquero se la acaba de secar con secadora. Y entonces arremete contra un pobre periódico o alguna figura de decoración que nunca se había dignado a mirar, se enrolla en la alfombra del baño o se pone a escalar por la cortina como un pequeño Messner. ¿Qué está pasando? Estos momentos de locura temporal parecen ser típicos de los gatos domésticos: necesitan desahogar el exceso de energía. Una energía que, en un entorno protegido, seguro y tranquilo como el hogar, queda sin utilizar. Y lo hacen simulando un intenso episodio de caza. Es mejor intensificar el juego con ellos en otros momentos y dejar que pase la «gatura» (la locura de los gatos, como me gusta llamarla), que, de todas formas, solo dura unos minutos.

¿Cómo se las arreglan para saltar tan alto?

Siempre me quedo alucinada cuando veo a Chicco saltar a la repisa de la cocina sin tomar impulso. Se pone delante y luego es como si por un momento se anulara la fuerza de la gravedad. Para nosotros sería como estar de pie en la banqueta y llegar de un salto al balcón del primer piso. Un salto como ese no lo da ni Batman. Pero los gatos, gracias a sus potentes músculos extensores de la cadera, la rodilla y la pantorrilla, son capaces de desafiar la fuerza del peso con gracia y ligereza. Primero se agachan, desplazando el peso sobre las patas traseras para que las fibras musculares sean como muelles comprimidos, es decir, meten la máxima energía potencial «en el cargador»; en unos pocos segundos estudian y miden la altura a la que deben enfrentarse, y entonces salen disparados: la energía potencial se libera, se transforma en energía cinética... y salen «volando» hacia su objetivo. Los científicos han descubierto que cuanto más larga es la pata trasera, más rápido despegan del suelo. El valor promedio de esta velocidad registrado durante los experimentos realizados por investigadores estadounidenses fue de 3.4 metros por segundo. ¿Y cómo nos va a los bípedos? El ser humano que más alto ha saltado es el cubano Javier Sotomayor Sanabria, que alcanzó los 2.45 metros en 1993. Pero, al medir 1.95 metros, saltó menos de una vez su altura. Prácticamente un novato comparado con los gatos, que saltan hasta seis veces su longitud corporal.

¿Por qué les gusta mirar hacia abajo?

Una vez que Chicco ha llegado a la repisa, a una parte de arriba del mueble de la cocina o del librero, se pone a mirar hacia abajo. Y se inclina tanto que parece que va a caer de bruces de un momento a otro. A los gatos les encantan las alturas porque tener una visión de conjunto es fundamental para un cazador, sobre todo si las presas son ratoncitos, que se ven mucho mejor desde arriba que desde el suelo. Por eso en internet se dan muchos consejos sobre cómo hacer felices a los gatos «escaladores». Por ejemplo, poniendo repisas o cubos de madera en las paredes, en vez de los cuadros de toda la vida, de forma que el gato pueda pasearse de aquí para allá e incluso echarse una siestecita «en las alturas».

¿Por qué tienen la pancita blandita?

Hasta los gatos más delgados y tonificados la tienen. Si los observas cuando están de pie sobre las cuatro patas, verás que les cuelga la piel cerca de las patas traseras. No es grasa acumulada, sino una parte de su anatomía que se llama bolsa primordial. Y tiene que estar siempre blanda y móvil: si está hinchada y tensa, es que algo anda mal, y habría que hablar inmediatamente con el veterinario. Este exceso de piel tiene una función precisa: ayuda al gato a estirarse fácilmente durante los saltos o en las huidas rápidas. Además, cuando lucha en la «postura del conejo», es decir, cuando el gato está boca arriba y agarra a su presa con las patas delanteras mientras la patea con las traseras, la bolsa primordial lo protege de los posibles arañazos de la víctima. Pero no, los seres humanos no la tenemos. En nuestro caso, todo lo que sobra es grasa. No hay excusa anatómica.

¿Por qué caminan delante de nosotros?

¡Cuántas veces he estado a punto de tropezarme en la mañana! Hace un cuarto de hora que sonó el despertador, llego tarde y Chicco empieza a caminar muy despacio delante de mí. ¿Dónde me lleva? Pues dónde va a ser, al comedero. Los gatitos hacen esto a menudo, tratan de instruir al humano llevándolo a donde se le llenará el estómago. Menos mal que están ellos para recordárnoslo...

¿Por qué son tan sinuosos cuando caminan?

¿Te has fijado en que los gatos caminan poniendo una patita delante de la otra, como las modelos en una pasarela (de hecho, esa forma de caminar se llama *catwalk*)? Las patitas delanteras siguen una línea recta perfecta que ni Naomi Campbell sería capaz de imitar; y gracias a una caja torácica muy estrecha, unos cuerpos vertebrales especialmente largos y una cola que equilibra el peso, sucede lo mismo con las patas traseras. Así es como consiguen caminar por el borde de la tina o de una valla. Los gatos son digitígrados, es decir, caminan sobre los dedos (nosotros somos plantígrados, apoyamos las plantas de los pies): por eso son tan rápidos y silenciosos y, además, son capaces de pasar de una marcha relajada a una de «asalto» en una fracción de segundo. Los gatos alternan las patas que apoyan en el suelo siguiendo una secuencia precisa. Por ejemplo, si la zancada comienza con la pata trasera izquierda levantada, la secuencia de apoyo será trasera izquierda, trasera derecha, delantera derecha y delantera izquierda, es decir, un galope rotatorio en sentido antihorario, como lo llaman los expertos en biomecánica. Todos los mamíferos cuadrúpedos terrestres, con raras excepciones, pasan del paso al trote y del trote al galope a medida que aumentan la velocidad, mientras que todos los felinos, los ciervos y las gacelas utilizan el galope giratorio tanto para una carrerita como para una persecución rápida. Otras especies solo utilizan la alternativa: el galope transversal o diagonal, en el que las primeras patas de apoyo traseras y delanteras están en el mismo lado, siguiendo precisamente una secuencia en diagonal; esto lo hacen los equinos, los camélidos, los bisontes, algunos grandes antílopes y las hienas. ¿A qué se debe esta diferencia? Pues muy sencillo: los felinos son cazadores, por lo que deben ser ágiles en las emboscadas, las persecuciones y los cambios de dirección repentinos. Para correr a toda velocidad, aprovechando al máximo la energía con un movimiento de rotación completo, cuentan con una columna vertebral muy flexible: entre las vértebras, los discos de cartílago son muy elásticos y resistentes. Los caballos y los grandes herbívoros son más pesados y menos ágiles; ellos no necesitan hacer cambios bruscos de dirección y su columna vertebral, menos flexible, se inclina unos grados con respecto a la dirección de la marcha, precisamente hacia el lado del segundo apoyo.

¿Cómo se doblan en forma de U?

Siempre me sorprende la forma en que se retuerce Chicco para limpiarse la espalda. ¿Cómo lo hace? El secreto de las increíbles contorsiones felinas es su esqueleto, que posee una elasticidad excepcional. Todos los gatos tienen 7 vértebras cervicales (como nosotros), 13 torácicas (nosotros 12), 7 lumbares (nosotros 5) y 3 sacras (nosotros 5, fusionadas en el sacro). La cola tiene entre 18 y 23 vértebras caudales (excepto el gato Manx, que no tiene cola), que son completamente distintas de las demás, ya que son más largas y cilíndricas. El número extra de vértebras lumbares y torácicas es lo que explica la flexibilidad extrema de la espalda del gato en comparación con la nuestra, junto con la notable elasticidad de los discos que separan las vértebras.

¿Cómo pasan por los huecos?

De vez en cuando, algún amigo me cuenta que encerró al gato en el clóset, y se sorprendió de que escapara porque solo había dejado las puertas abiertas unos centímetros. ¿Cómo es posible que el gato consiguiera colarse sin moverlas? Aparte de la flexibilidad de la espalda, los gatos tienen otra peculiaridad: sus omóplatos no están conectados a la columna vertebral mediante una clavícula, sino por fibras musculares. Lo único que les queda de clavícula es un residuo vestigial englobado en los músculos de la región del hombro. Los residuos vestigiales son restos atrofiados e inútiles que nos recuerdan cómo éramos hace millones de años; por ejemplo, nuestro coxis es el «recuerdo» de cuando teníamos cola. La ausencia de clavícula hace que la caja torácica sea más estrecha, que los hombros se muevan mucho al caminar y que consigan pasar por huecos pequeños. Si pasa la cabeza, pasa todo el cuerpo (como cuando nace un bebé).

¿Por qué no se saben bajar de los árboles?

Los gatos consiguen trepar por los troncos de los árboles y saltar desde el suelo hasta la estantería más alta de la casa, pero, cuando se trata de bajar, parece que el animal más ágil del mundo pierde sus superpoderes. El hecho es que los gatos tienden a descender apuntando con la cabeza hacia abajo. En esa posición, sus garras, arqueadas hacia dentro, no logran penetrar en el tronco para soportar su peso, por lo que el gato sabe que se encuentra en peligro. A veces se les ocurre bajar manteniendo el cuerpo en posición ascendente, pero moviéndose hacia atrás. Sin embargo, no siempre tienen esta brillante idea, y un humano con una escalera es su única posibilidad de bajar.

¿Por qué odian las puertas cerradas?

En cuanto entro en el baño para tener la necesaria y sagrada intimidad, Chicco viene y empieza a «rascar» la puerta. Y no para, maúlla y maúlla como si la casa estuviera sufriendo un ataque alienígena hasta que la abro. Y entonces, ¿qué hace? ¿Entra? No. Solo echa un vistazo como si quisiera comprobar que todo está en orden y se va. Y eso por no hablar de lo que pasa si cierro la puerta del dormitorio. ¿Cómo se atreven los bípedos a impedirnos el acceso? Sí, los gatos odian las puertas cerradas y tienen varios motivos. El primero es que, para ellos, su territorio es muy importante. Restringir el acceso a una zona que les es familiar (quizá en el baño esté su arenero) los confunde y detestan no tener clara la situación. Además, son muy curiosos. Si oyen ruidos o ven sombras detrás de la puerta, sienten la necesidad incontrolable de averiguar qué está pasando. Y entonces empiezan a arañar o, más bien, a frotar rápidamente las yemas de las patas delanteras como si se estuvieran afilando las uñas. Es su forma de decir: «¡Humano, abre esta puerta inmediatamente!».

¿Por qué desafían a los perros?

La escena es divertidísima. Detrás de una reja, un gato se está aseando tan tranquilo. Los rayos de sol lo calientan, la brisa lo refresca y el mundo entero parece estar en paz con el pequeño felino. En un momento dado, llega un perro y empieza a ladrar desde el otro lado de la reja: agresivo, ruidoso y amenazador. El gato aguanta sin inmutarse. Los humanos tendemos a interpretarlo como una actitud «desafiante»: el gato se queda ahí para molestar al perro, en lugar de huir y desaparecer de su vista. En realidad, el gato no quiere provocar a nadie y sabe que está a salvo. El ladrido del perro no es más que un ruido molesto con el que no vale la pena perder el tiempo. Además, sabe que, tarde o temprano, pasará.

¿Por qué empujan con las patas traseras cuando juegan a cazar?

A veces parecen conejitos. Se echan bocarriba, aprietan el juguete con las patas delanteras y con las traseras lo «patean» repetidamente. Pero cuidado con esto: la «patada de conejo» es una posición de lucha y defensa, no una invitación a acariciarlos en la panza. En ese momento, el gato da rienda suelta a su lado salvaje y se defiende de la presa que lo está atacando, así que la muerde, le clava las garras delanteras en el cuerpo e intenta herirla con las traseras. Siempre es mejor no acostumbrar al gato a jugar a la caza con las manos o con el brazo del humano, porque en su cabeza puede asociarlos con el enemigo que tiene que combatir. Si esto sucede, será muy difícil acercarse a él para hacerle mimos y más fácil que nos prepare una emboscada mientras estamos sentados tranquilamente en el sillón.

Las caricias deben reservarse siempre para los momentos de relajación, no para el juego, ya que, de lo contrario, el gatito asociará el acercamiento de la mano con una invitación a jugar a la caza. En ese caso, los arañazos y las mordeduras están asegurados, y adiós ternura.

¿Por qué traen el ratón de peluche cuando juegan, igual que haría un perro?

Quienes tienen un gato semidoméstico, en el sentido de que es libre de salir de casa y, por tanto, tiene la oportunidad de practicar el arte felino de la caza, tienen a menudo la desconcertante experiencia de encontrar ratoncitos despedazados en el tapete o incluso pájaros sin vida dentro de casa, a veces en el comedero. Los humanos creen que son «regalitos», pero son otra cosa. En la mente de nuestro peludo, nosotros somos gatos, y el animal que encontramos como «regalo» es en realidad una lección: nos están enseñando a cazar. Exactamente del mismo modo en que solía hacerlo mamá gata cuando llevaba pequeñas presas vivas a sus cachorros para enseñarles a atraparlas y matarlas. A veces se observa el mismo comportamiento con el ratón de peluche: lo lanzamos, y el gatito corre, lo atrapa con la boca y nos lo trae. Lo que para nosotros es un juego, para él es una simulación de caza y, al tener que estar manteniendo constantemente un equilibrio entre su naturaleza depredadora y la de mascota, experimenta una mezcla de comportamientos que lo hacen parecer... un perro perdiguero.

¿Por qué les gustan tanto las cajas?

Hay fotografías y grabaciones en las que se ve a pumas y leopardos «acurrucándose» dentro de una caja que apenas puede contenerlos. Nuestros gatitos hacen lo mismo: cuanto más estrecha sea la caja, mayor parece su satisfacción. El motivo es sencillo. Los felinos, grandes y pequeños, se sienten seguros dentro de las cajas. Es un poco como cuando, en invierno, nos sentamos en el sillón con la manta y el control remoto en la mano. Es el efecto «hogar, dulce hogar» que nos tranquiliza porque somos conscientes de que los peligros están fuera y podemos refugiarnos en nuestra cálida «guarida». Del mismo modo, el gato que se mete entre cuatro paredes de cartón se siente seguro e invisible. Piensa, además, en el gran placer que supone afilarse las uñas allí dentro y, de paso, dejar un poco de su olor. Las cajas de cartón son sus favoritas porque, al no ser demasiado duras, las uñas se hunden en ellas fácilmente (al igual que en el sillón, por desgracia).

¿Por qué ruedan sobre la espalda?

Las cajas no son la única pasión de nuestros amigos felinos. Cuando llego a casa, Chicco viene a recibirme con la cola levantada y me precede al dormitorio, donde me cambio de ropa. Luego se tira en la cama y rueda sobre la espalda mostrando la panza, la parte más delicada de su cuerpo. Si no acaba de masticar hierba gatera, ¿cuál puede ser el motivo de lo que parece una muestra de satisfacción? Con este gesto, los gatos nos demuestran su afecto mediante una actitud de sumisión y petición de juego. Es como si dijeran: «¡Eh, bípedo, por fin llegaste! ¿Jugamos?». Es ciertamente una pose que llama la atención y en esto los gatos son unos maestros insuperables. Así que, para satisfacer su deseo, puedes probar a rascarles un poco o lanzarles el ratón de peluche. Lo importante es no ignorarlos. Los gatos también pueden revolcarse durante el día sin reclamar necesariamente nuestra atención. Lo hacen, simplemente, porque les gusta. Es algo parecido a cuando nosotros estiramos los brazos y la espalda después de haber estado encorvados sobre la computadora demasiado tiempo. Es agradable sentir que los músculos «vuelven a la vida».

¿Por qué nos muerden el pelo?

Esto solo me pasa con Chicco. Cuando me acuesto por la noche y me pongo a leer un libro, a veces salta sobre la almohada y empieza a morderme el pelo.

Entonces, me aparto con suavidad y, para que no siga haciéndolo, me hago una coleta y la escondo bajo la nuca. Tengo varios amigos con gatos que les hacen lo mismo. A veces, mientras sus humanos están viendo la televisión, se suben al sillón, caminan sobre los cojines y… ¡*ñam*! Es un comportamiento completamente normal y entra en la categoría de «señales de afecto». Como ya hemos visto, los gatos se envían señales de socialización entre sí lamiéndose el hocico (acicalamiento), y la sensación de nuestro pelo en la lengua les recuerda a la de sus congéneres, o sea que lo hacen para demostrarnos que nos consideran amigos. Para disuadirlos (los mechones mordisqueados son antiestéticos), hay juguetes hechos especialmente para masticar, como bolsas de algodón orgánico rellenas de hierba gatera. Podemos darle uno en cuanto el gatito se nos acerque al pelo.

¿Por qué meten la patita en el cuenco del agua?

Por varias razones. La superficie del agua refleja la luz, lo que crea un juego de sombras y reflejos que les llama la atención, y mojarse las patas y salpicar unas cuantas gotas en el suelo es muy divertido (algunos bípedos se pasan horas mirando cómo rueda una pelota por el pasto, sobre gustos no hay nada escrito). Algunos meten la pata para comprobar si hay líquido porque no ven la línea divisoria entre el aire y el agua. Otros beben mojándose la pata y luego lamiéndola, probablemente porque el recipiente es demasiado estrecho o profundo: no quieren beber de ese recipiente porque los bigotes, que son órganos sensoriales muy sensibles, tocan las paredes y les molesta. Por lo tanto, el bebedero debe ser lo suficientemente ancho como para que quepan el hocico y los bigotes. También hay que prestar atención a dónde se coloca: no debe estar cerca del comedero porque a algunos gatos no les gusta beber y oler la comida al mismo tiempo. Además, son preferibles los cuencos de cerámica, porque son pesados y los gatos no pueden moverlos. Otra cosa importante es que el agua se mantiene más fresca; y otro detalle nada desdeñable es que la cerámica no es porosa como el plástico, por lo que es poco probable que persistan los olores, el moho y las bacterias.

¿Por qué meten el juguete en el cuenco del agua?

Chof. Este es el sonido que se oye cuando piso el peluche que Chicco ha «ahogado» en el cuenco del agua y luego volvió a dejar en el suelo. Lo han hecho todos los gatos que he tenido. Torturan un ratoncito de trapo durante un rato y, unos minutos después, lo agarran con la boca y lo depositan en el cuenco del agua o el de la comida. Luego lo sacan y siguen cazándolo. Es un comportamiento que nos recuerda que en la naturaleza no hay refrigeradores ni despensas. La comida que tanto trabajo ha costado conseguir debe guardarse en un lugar seguro. Y para un gatito, sus cuencos son un punto de referencia muy importante. Como saben exactamente dónde están, les será muy fácil recordar dónde han puesto su «presa». Todo esto está muy relacionado con su naturaleza depredadora, aprendida durante la primera infancia. De cachorros no podían salir a cazar, así que esperaban a que su madre les llevara una presa aún viva al «nido» para que ellos pudieran darle el golpe de gracia. Y los cuencos representan ese nido. Los gatitos lo ahogan todo, plumas, trozos de papel, pinzas de ropa y cualquier cosa que se pueda pisar y luego agarrar con la boca.

¿Por qué les encanta beber agua de la llave?

A veces no hay nada que hacer. No queda más remedio que dejar que caiga un chorrito de agua de la llave porque el gato solo quiere beber de ahí. El agua

225

corriente siempre está fresca y, además, a los gatos les encanta el líquido en movimiento. Esto podría ser una reminiscencia de la vida en la naturaleza, puesto que los gatos salvajes beben de los arroyos. Pero lo más curioso es que los gatos pueden pasarse unos cuantos minutos viendo cómo sale el agua de la llave, igual que algunos humanos se pueden pasar varias horas viendo la televisión. Si se quiere convencer al gato para que beba del cuenco, algunos expertos en comportamiento animal sugieren que se pueden añadir unos cubitos de hielo para que el agua esté menos estancada y caliente (el agua de los arroyos está muy fría). O también se pueden dejar varios cuencos repartidos por la casa. No son recomendables los recipientes de plástico porque, como ya sabemos, podrían alterar el sabor del agua. También hay quienes tienen en casa fuentes de agua reciclada, pero hay que tener mucho cuidado con el mantenimiento, ya que hay que limpiarlas a fondo para evitar la proliferación de moho en las zonas que se ven menos.

¿Los gatos tienen hipo?

A Chicco le entra hipo cuando come demasiado rápido porque tiene mucha hambre, cosa que casi siempre es culpa mía porque llegué tarde a casa y me retrasé un poco con la hora de la comida. Al igual que nos sucede a nosotros, el hipo en los gatos se debe a una irritación de los nervios frénicos, las fibras que controlan el movimiento del diafragma, el músculo que separa el tórax del abdomen y es esencial para la respiración. Cuando se respira normalmente, el aire entra por la nariz y fluye por la laringe y la tráquea hasta llegar a los pulmones. El diafragma ayuda al «viaje» del aire: al inspirar, el diafragma se desplaza hacia abajo y vuelve a subir al espirar. Si comemos demasiado y demasiado rápido, el estómago se dilata de pronto como un globo y empuja contra los nervios frénicos, que se irritan. El resultado es un movimiento convulsivo del diafragma, como si estuviera fuera de control. El sonido típico del hipo se debe al cierre repentino de la epiglotis, el trocito de cartílago que protege la glotis, el espacio entre las cuerdas vocales. Curiosamente, incluso los bebés de dos meses que aún están en el vientre de su madre pueden tener hipo, como han demostrado las investigaciones con ultrasonido, aunque no respiren. Tal vez, dicen los expertos, las contracciones sirvan como «entrenamiento» para los músculos en previsión de la respiración real, aunque también hay quienes sostienen que se trata del «recuerdo» de cuando éramos semianfibios. Pero no todos los científicos están de acuerdo y existe otra hipótesis según la cual los mamíferos recién nacidos utilizan el molesto espasmo para aprender a mamar: los movimientos que hacen los gatitos se parecen mucho al hipo porque la glotis se cierra para evitar que la leche se deslice hacia los pulmones.

¿Por qué comen hierba gatera?

Los leones, los tigres, las panteras y los gatos adoran la hierba gatera, cuyo nombre científico es *Nepeta cataria*, probablemente derivado de las palabras latinas *nepa*, 'escorpión', ya que se creía que era eficaz contra la picadura de este animal, y *catus*, 'gato', porque atrae a los felinos. Es una planta aromática con olor a menta (pertenece a la misma familia, la de las lamiáceas) que tiene hojas triangulares y flores de color blanco rosado que crecen en panículas y florecen entre mayo y agosto. No tiene nada que ver con la hierba gatera que se vende en el supermercado, la de las hojas largas, finas y afiladas. Por más que en el envase diga «hierba gatera», no es la original. La *Nepeta cataria* auténtica contiene un aceite volátil, la nepetalactona, que tiene un efecto particular en los gatos: después de probarla, se ponen a rodar y se frotan las mejillas contra el suelo como si estuvieran bailando con euforia al ritmo de la música del carnaval de Río. Los científicos pensaban que la molécula actuaba en su cerebro a través del órgano vomeronasal, pero recientes estudios han concluido que huelen la nepetalactona mediante el sistema olfativo primario. La molécula estimula varias zonas del cerebro: la de la actividad sexual (el minino se revuelve y se frota como hacen las hembras para señalar su disponibilidad); el estímulo del apetito, puesto que mastica y olfatea profundamente, y el instinto depredador, ya que golpea y juega con la hierba como si estuviera cazando. En cualquier caso, parece que los gatos experimentan un momento de gran felicidad bajo los efectos de la *Nepeta*. No es un efecto como el que tienen las drogas en los seres humanos. Los gatos no se vuelven adictos y la hierba gatera no tiene efectos secundarios peligrosos. Los seres humanos también hemos utilizado la hierba gatera en el pasado en forma de infusiones y tinturas, pero con fines y efectos totalmente distintos, ya que para nosotros es calmante, sedante y una cura para el insomnio y los dolores menstruales. Curiosamente, las hojas de valeriana, que para nosotros también tienen una acción relajante, son excitantes para los gatos: la estructura química de la nepetalactona es similar a la de las moléculas de valepotriatos que se encuentran en la valeriana, que forma parte de la familia de los iridoides, sustancias que las plantas producen para defenderse de los insectos herbívoros y que les dan un sabor amargo y picante. Los estudios han demostrado que no todas las especies de felinos son sensibles a la *Nepeta*: los leones, los jaguares y los leopardos se vuelven locos con ella, pero no los tigres, los pumas ni los linces rojos. Solo entre el 15 y el 30 % de los gatos no están genéticamente predispuestos a «saborear» los efectos de la *Nepeta*.

¿Cómo se cultiva la hierba gatera?

En los invernaderos se pueden comprar semillas o plantas, pero asegúrate de que sean de auténtica *Nepeta cataria*. Esta hierba crece bien al sol o con un poco de sombra y hay que regarla bien. Si la plantas en una maceta, ponle un fondo de bolitas de arcilla para asegurar un buen drenaje del agua y evitar el estancamiento. Es una hierba perenne y tiende a expandirse fácilmente. Lo más probable es que te la encuentres en otras macetas al cabo de un tiempo. Para evitar que se expanda demasiado, puedes cortar las flores para que las semillas no se esparzan. Para hacerlo, hay que cortar los tallos unos ocho centímetros por debajo de la flor.

Después puedes secarlas en un lugar oscuro, fresco y seco, y rellenar con ellas los juguetes de tela del gatito. Aguantan aproximadamente un año, e incluso más si se guardan en el congelador.

¿Por qué se limpian las uñas?

¡Crac-crac-crac! El sonido de las uñas de Chicco «recorriendo» el sillón es inconfundible. Ya no le presto atención, se ha convertido en su sillón. Por supuesto, también tiene a su disposición un bonito rascador de cuerda con una pelota que cuelga; pero, para cualquier gato, el sillón es más «atractivo», pues ahí está el olor de sus bípedos para poder unirlo al suyo. Los gatos arañan sus superficies favoritas para dejar su olor mediante las glándulas que tienen cerca de las almohadillas. Si pensamos que, para sondear el mundo que los rodea, los gatitos no utilizan principalmente los ojos, sino la nariz, entenderemos esta «obsesión» por dejar su olor por todas partes. Nosotros solo tenemos que mirar a nuestro alrededor para juzgar la seguridad o familiaridad de un lugar; sin embargo, ellos necesitan oler a su alrededor para sentirse «en casa». Además, limpiarse las uñas es agradable. Se levantan sobre las patas traseras y estiran la espalda realizando lo que para nosotros sería un verdadero ejercicio de estiramiento. Por lo tanto, lo que buscan en realidad no es mantener las uñas afiladas, ya que sus garras se renuevan exfoliándose como las capas de una cebolla. A veces hasta las encontramos en el suelo, con su inconfundible forma de gancho, y cuando la capa vieja se cae (o se arranca durante la limpieza) la nueva está perfectamente afilada.

¿Cómo funcionan las uñas?

Cuando arañan las superficies, los gatos mueven los músculos que les permiten sacar las garras. ¿Cómo funcionan estas garras que «emergen»? La uña está unida al hueso final (en las patas delanteras se llama metacarpo, y en las posteriores, metatarso) y a un ligamento elástico. Cuando el gatito decide sacar las garras, los músculos tiran de los tendones hacia atrás como un cochero tira de las riendas de un caballo, y las uñas salen. Así que las garras no son retráctiles, como se oye decir a menudo, sino protráctiles. Los gatos las usan para trepar (en la naturaleza hay depredadores a los que dejar con dos palmos de narices subiéndose a un árbol, aunque la sala de casa también cuenta con lugares interesantes a los que trepar), y también para agarrar presas y arañar sitios en los que quieren dejar su olor. Cuando amasan, en los momentos de regresión infantil, también sacan las uñas, al igual que cuando corren, para tener un mejor agarre sobre el terreno. Si las uñas estuvieran expuestas todo el tiempo, se les podrían enganchar en cualquier sitio, se les desgastarían más rápido y sus pasos dejarían de ser silenciosos en ciertos terrenos, lo que arruinaría su estrategia de caza. Según un estudio de la facultad de Medicina Veterinaria de la Universidad de Cornell, los gatos viejos tienen las uñas más rígidas, pero también más débiles y fácilmente quebradizas. Igual que nosotros.

¿Hay gatos zurdos?

Los investigadores aún no han llegado a una conclusión definitiva. Los gatos parecen mostrar preferencia por una de sus patas, pero todavía no se ha averiguado por qué. Al igual que los seres humanos, los gatos pueden utilizar más la pata derecha o la izquierda. Las hembras suelen preferir la derecha, mientras que los machos tienden a ser zurdos. Deborah Wells y Sarah Millsopp, psicólogas de la Queen's University de Belfast, realizaron un experimento. Pusieron a prueba a 42 gatos domésticos ofreciéndoles un cuenco lleno de atún, pero utilizando uno que era demasiado pequeño como para que pudieran meter la cabeza, por lo que solo podían sacar el atún con las patas. De las 21 gatas, 20 utilizaron la pata derecha, mientras que 20 de los 21 machos utilizaron la izquierda y el otro era ambidiestro. Luego se convocó a los mismos sujetos peludos para otra prueba: jugar con un ratón de peluche colgado de una cuerda. En este caso no se encontraron diferencias: los gatos jugaron dándole golpecitos tanto con la derecha como con la izquierda. Eso significa que para las tareas difíciles, como «pescar» la comida de un recipiente estrecho, sí existe una preferencia, pero para las tareas fáciles, como el juego, los gatos utilizan ambas patas indistintamente. No obstante, el misterio sigue siendo el mismo que en el caso de los seres humanos, pues aún no se sabe qué determina la elección de una pata (o una mano) sobre la otra. Y tu compañero de cuatro patas, ¿es zurdo?

¿Qué es la polidactilia?

No es raro que los gatos nazcan con dedos de más. Normalmente tienen cinco dedos en las patas delanteras (en cuatro de ellos se apoyan, mientras que el quinto es una especie de pulgar, o más bien un espolón, situado en el dorso de la pata) y cuatro en las traseras, que suman un total de dieciocho. Sin embargo, debido a causas genéticas, el gatito puede nacer con más dedos. Se dice entonces que es polidáctilo, y tiene un 50 % de posibilidades de tener crías con la misma característica. El récord de dedos extra es de un gato llamado Jake, que tiene nada menos que veintiocho, es decir, ¡diez de más! El primer documento científico que atestigua la existencia de esta anomalía data de 1868. Eran gatos procedentes del noroeste de Estados Unidos y de Nueva Escocia

(Canadá), pero una teoría sostiene que los primeros gatitos llegaron desde el Reino Unido gracias a las migraciones de los puritanos ingleses en el siglo XVII. También se les llama gatos de Hemingway, porque el célebre escritor estadounidense sentía predilección por ellos (y es verdad que esas «patotas» son irresistibles). El suyo se llamaba Snowball (bola de nieve), tenía seis dedos y se lo regaló el capitán de un barco. Los marineros creían que los gatos polidáctilos daban buena suerte porque eran muy buenos cazadores: al estar tan bien «anclados» al suelo, se movían con especial equilibrio en los barcos, por más agitado que estuviera el mar. Hoy viven más de cincuenta descendientes suyos en la casa museo de Ernest Hemingway en Key West. La Casa Blanca también tuvo su propio gatito «superequipado», se llamaba Slippers y maullaba en presencia del presidente Theodore Roosevelt. La polidactilia también existe en los seres humanos. Puede ser una de las malformaciones que caracterizan al síndrome de Ellis-van Creveld, llamado así por los médicos que lo describieron en 1940. Se remonta a 1744 y afecta principalmente a los varones de la comunidad amish que viven en el condado de Lancaster (Pensilvania) debido a su aislamiento genético.

¿Por qué los machos tienen pezones?

Mi veterinaria me ha contado que de vez en cuando le llegan clientes alarmados: «¿Cómo es posible? Me dijeron que mi gato era macho, pero ¡tiene pezones!», exclaman. Entonces ella los mira y, si los clientes son hombres, les dice que ellos también, y se crea un silencio incómodo. ¿Y por qué los gatos macho tienen pezones? Por la misma razón por la que los tienen los hombres. Las mamas comienzan a formarse durante el desarrollo del embrión en el útero. Solo más adelante, y si el patrimonio genético contiene el cromosoma Y, la hormona testosterona entrará en acción cambiando la actividad de las células y promoviendo el desarrollo de los rasgos masculinos. Pero los pezones se mantendrán, y quedarán a la vista en el torso del gato macho, dispuestos por pares en cuatro filas, exactamente igual que en las hembras.

¿Por qué los machos tienen un pene espinoso?

Las pequeñas protuberancias están hechas de queratina, es decir, la misma sustancia de la que están hechos el pelo y las uñas. Estas espículas sirven para estimular la ovulación durante el apareamiento, es decir, solo así las gatas liberan el óvulo para que sea fecundado mediante la estimulación mecánica del macho. Las espículas también sirven para otros fines: al causar dolor, la gata permanece quieta durante el apareamiento (aunque pasados unos minutos se cansa e intenta escapar), y, por otra parte, limpian el esperma de cualquier macho anterior como si fueran una escoba. Curiosamente, el pene humano también estaba dotado de espículas, pero la evolución, mediante pequeñas mutaciones genéticas, las ha eliminado. ¿Por qué? Aunque todavía no se ha llegado a una respuesta definitiva, la causa podría ser la monogamia: al tener una pareja estable, el protohombre ya no competía con otros, así que ¿por qué conservar las espículas?

¿Por qué orinan donde limpiamos?

Los cachorros macho que aún no han sido castrados (y también los adultos que sí) a veces rocían de orina ciertos rincones de la casa. Sin embargo, si aún no han alcanzado la madurez sexual y no hay hembras cerca que les hagan anticipar el placer de un nuevo encuentro, ¿por qué lo hacen? Quizá los desafiaste sin darte cuenta. La culpa la tienen la cubeta y la jerga: limpiar la casa con detergentes a base de amoníaco equivale a propagar el olor de un gato rival, dado que el amoníaco está presente en la orina. Aunque enjuagues bien las superficies, puede que haya moléculas que escapen a tu olfato, pero no al del gatito, que, para reafirmar su posición de jefe de la casa, no dudará en orinar en ese rincón que para nosotros está muy limpio, pero para él huele a gato. Lo mismo puede ocurrir con los detergentes excesivamente perfumados, que el gatito querrá tapar. Por lo que se corre el riesgo de entrar en un círculo vicioso: cuanto más limpies, más olerá, y más tendrá que marcar su territorio el gatito. El consejo es eliminar la «firma líquida» del minino mezclando, a partes iguales, agua tibia, vinagre blanco y bicarbonato de sodio.

¿Por qué tapan sus excrementos?

La arenero debe estar a disposición del gato las veinticuatro horas del día, al igual que nosotros tenemos acceso al baño siempre que lo necesitamos. Por cierto, ¿te has fijado en el cuidado con el que nuestros gatitos tapan sus excrementos? A Chicco, por ejemplo, le encanta escarbar y disfruta mucho con esta actividad. También escarba fuera del arenero, en el suelo y en la pared de la regadera que está al lado. Al placer de «rastrillar» se suma la necesidad de dar rienda suelta al instinto heredado de la vida salvaje, cuando tapar los excrementos significaba borrar las huellas de su paso. De hecho, el olor es una verdadera credencial de identidad. Los gatos domésticos, siempre a caballo entre su naturaleza salvaje y la hogareña, nos recuerdan así que en la naturaleza hay que esconderse para salvar el pellejo. Sin embargo, algunos gatos dejan sus «creaciones» a la vista. ¿Por qué? Porque se sienten dominantes y no advierten ningún peligro; es más, quieren subrayar que en su entorno se sienten seguros y se consideran los «jefes». Aunque también podría haber otro motivo: que el arenero no sea de su agrado y prefiera alejarse lo antes posible. ¿Ya probaste cambiar de marca? Podría haber asimismo un problema de ubicación: el arenero debe estar en un lugar tranquilo y resguardado, como el baño de casa, y no en una zona concurrida (¿a ti te gustaría «retirate» a la sala o al pasillo? Pues eso, a ellos tampoco). De todas formas, hay gatos, como Chicco, que también escarban en las macetas que encuentran en el balcón. No hacen pipí, pero les encanta hacer agujeros y esparcir tierra por todas partes. ¿Y por qué no? Después de todo, cuando éramos pequeños no había nada más divertido que hacer agujeros y llenar la cubeta de arena de la playa.

¿Por qué es tan difícil adiestrar a un gato?

El gato nos parece perezoso comparado con un perro: no nos trae el periódico ni las pantuflas, ni tiene la más mínima intención de seguirnos en los paseos. Pero ¿estamos seguros de que es pereza? El perro vive para complacer al jefe de la manada, al que identifica en su bípedo. Devolverle la pelota, darle una pata y sentarse cuando recibe una golosina porque su humano se lo pide es para él lo mínimo que puede hacer para complacer al jefe bípedo. Sin embargo, el gato no tiene el menor interés en gratificar a su humano. De hecho, la relación que mantiene con él es de igualdad. Los estudios demuestran que los gatos nos ven como gatos gigantes con los que hay que llevarse bien y no como a un jefe al que haya que complacer con diligencia y humildad.

¿Por qué se dice que tienen siete vidas?

En Italia y España, el número es siete, en Turquía, seis, y en los países anglosajones sube a nueve. Por desgracia, la verdad universal es que solo tienen una vida. Pero ¿de dónde surge la leyenda? Su origen se pierde en el pasado y lo único que podemos hacer es aventurar hipótesis. Por ejemplo, una de las más populares nos lleva al Antiguo Egipto. Según el culto de la época, el dios del sol Atum-Ra adoptaba forma de gato cuando visitaba el más allá, y cuenta la leyenda que Atum-Ra dio vida a otros ocho dioses, así que todos juntos representaban nueve vidas en una. En cualquier caso, parece que lo de poder salvarse varias veces es una idea popular que surge al observar la extrema agilidad del gato, que es capaz de caer desde muy alto, quedarse un momento aturdido y luego echar a correr como si no hubiera pasado nada. Hoy la ciencia nos explica por qué los gatos logran caer de pie, aunque las caídas desde alturas excesivas o (paradójicamente) bajas, pueden causar daños graves, e incluso la muerte. El secreto de que el gato logre aterrizar sobre las patas reside en una ley de la física, la conservación del momento angular. Básicamente, el gato consigue girar en el aire porque primero dobla las patas y luego las estira, al tiempo que la cola hace las veces de timón. Este desplazamiento de la masa de las patas con respecto al eje de simetría (la línea ideal paralela al suelo que cruza al gato desde la cabeza hasta la cola) provoca la rotación. Es el mismo principio por el que una bailarina de patinaje sobre hielo logra aumentar el número de giros sobre sí misma acercando los brazos al torso. Si el gato cae desde una gran altura, primero se gira en la posición correcta y después hace una cosa que ralentiza la caída mediante fricción: relaja los músculos ventrales y estira las patas, de modo que se convierte en una especie de paracaídas, como se publicó en un artículo del *Journal of American Veterinary Medical Association*. Obviamente, si la altura no es suficiente, al gato no le da tiempo a realizar estas maniobras y corre el riesgo de lesionarse gravemente.

Conclusión

Escribir un libro es como hacer un viaje, se aprenden muchas cosas. Al documentarme para escribir estas páginas me fui dando cuenta de cómo iba creciendo aún más mi adoración por los gatos, porque son una mina de curiosidades científicas y bajo ese suave pelaje late un corazón que sabe amar de verdad (¡aunque los amantes de los gatos no necesitábamos que nadie nos lo confirmara!) Además, existen afinidades innegables que nos unen a estos espléndidos animales. Por ejemplo, entre los cachorros de gato y de humano, las diferencias son realmente mínimas, por no decir prácticamente inexistentes: ambos necesitan sentir el calor y el afecto de su madre, el contacto físico con sus hermanitos y muchos cuidados, juegos y comida.

¿Y los gatos adultos? Ah, cómo me gustaría ser como un gato doméstico y llenar el día de juegos, limpieza personal, comida, siestas y, por supuesto, mimos desde la juventud hasta la vejez. ¡Qué modelo tan envidiable! Nuestros felinos favoritos son unos compañeros insustituibles. Sí, mi vida estaría más vacía sin mis gatitos. Cuando he tenido un mal día y asoman las lágrimas, pequeñas banderas del nerviosismo, Chicco se sienta a mi lado y me mira fijamente. Y entonces me imagino lo que está pensando: «Si hay solución, ¿por qué te preocupas? Si no hay solución, ¿por qué te preocupas?». Los gatos son así: grandes filósofos que lo han entendido todo y no imponen nada. Por eso se las arreglan para hacerse querer sin concesiones por lo que son. Lo tomas o lo dejas. ¿Te atreves a dejarlo?

Bibliografía

Asendorpf, J. B., V. Warkentin y P. M. Baudonnière, «Self-awareness and other-awareness. II: Mirror self-recognition, social contingency awareness and synchronic imitation», *Developmental Psychology*, vol. 32 (1996).

Biancardi, C. M., y A. E. Minetti, «Biomechanical determinants of transverse and rotary gallop in cursorial mammals», *The Journal of Experimental Biology*, vol. 215 (2012).

Bonham, M. H., y D. C. Coile, *Why Do Cats Bury Their Poop?*, Sterling Publishing Co., Nueva York, 2008.

Breed, M. D., y J. Moore, *Animal Behavior*, Academic Press, Burlington, 2012.

Budiansky, S., *Il carattere del gatto*, Raffaello Cortina, Milán, 2003.

Christensen, W., *Outsmarting Cats: How to Persuade the Felines in Your Life to Do What You Want*, Lyons Press, Guilford, 2013.

Fogle B., *La mente del gatto*, Eco edizioni, Milán, 2002.

Hampshire, K., I. Bass y L. Paximadis, *Cat Lover's Daily Companion*, Quarry Books, Beverly, 2011.

Harris, M. A., y K. Steudel, «The relationship between maximum jumping performance and hind limb morphology/physiology in domestic cats *(Felis silvestris catus)*», *The Journal of Experimental Biology*, vol. 205 (2002).

Hart, B. L., y M. G. Leedy, «Analysis of the catnip reaction: mediation by olfactory system, not vomeronasal organ», *Behavioral and Neural Biology*, vol. 44 (1985).

Heath, S., *Perché il mio gatto fa così?*, Alberto Perdisa, Bolonia, 2005.

Krebs, J. R., y N. B. Davies, *Ecologia e comportamento animale*, Bollati Boringhieri, Turín, 2002.

Martini, E. (a cargo de), *Fisiologia degli animali domestici*, Libreria Universitaria L. Tinarelli, Bolonia, 1973.

Massen, J. J. M., K. Dusch, O. T. Eldakar y A. C. Gallup, «A thermal window for yawning in humans: yawning as a brain cooling mechanism», *Physiology & Behavior*, vol. 130 (2014).

Morris, D., *Catlore*, Crown Publishers, Nueva York, 1987.

Morris, J. G., S. Yu y Q. R. Rogers, «Red hair in black cats is reversed by addition of tyrosine to the diet», *Journal of Small Animal Practice*, vol. 42 (2001).

Murphy, W. J., S. Sun, Z. Q. Chen, J. Pecon-Slattery y S. J. O'Brien, «Extensive conservation of sex chromosome organization between cat and human revealed by parallel radiation hybrid mapping», *Genome Research*, vol. 9 (1999).

Ramos D., A. Reche-Junior, P. L. Fragoso, R. Palme, N. K. Yanasse, V. R. Gouvêa, A. Beck y D.S. Mills, «Are cats *(Felis catus)* from multi-cat households more stressed? Evidence from assessment of fecal glucocorticoid metabolite analysis», *Physiology & Behavior*, vol. 122 (2013).

Tabor, R., *Understanding Cat Behavior*, David & Charles, Cincinnati, 2003.

Walls, G. L., *The Vertebrate Eye and its Adaptive Radiation*, The Cranbrook Institute of Science, Bloomington Hills, 1942.

Artículos publicados en internet

Caeiro C. C., A. M. Burrows y B. M. Wallere, «Development and application of CatFACS: Are human cat adopters influenced by cat facial expressions?, <(https://www.sciencedirect.com/science/article/abs/pii/S0168159117300102)>.

Chiandetti C., «Cats prefer species-appropriate music», <(https://www.ncbi.nlm.nih.gov/pmc/articles/PMC4848712/)>.

Noel A. C., y D. L. Hu, «Cats use hollow papillae to wick saliva into fur», <(https://www.pnas.org/content/115/49/12377)>.

Radrezza S., «Linfoma intestinale a piccole cellule nei gatti: microbiota alterato tra i fattori di rischio», <(https://microbio maveterinario.it/linfoma-intestinale-a-piccole-cellule-nei-gatti-microbiota-alterato-tra-i-fattori-di-rischio/)>.

(Video, en inglés) *Pet Project: Owner's Personality CanInfluence Behavior Of Their Cat*, <(https://philadelphia.cbslocal.com/2019/03/17/pet-project-owners-personality-can-influence-behavior-of-their-cat/)>.

Weisberger M., «Scent of a Kitten: Perfumer Debuts 'Kitten Fur' Fragrance», <(https://www.livescience.com/58370-scent-of-kitten-fur-perfume.html)>.

Weisberger M., «Why Dog Breeds Look So Very Different, But Cats Don't», <(https://www.livescience.com/59875-less-variety- in-cats-than-dogs.html)>.

Weitering H., «Cosmic Kittens Saturn Features Get Feline Names», <https://www.space.com/38233-saturn-features-kitten-names.html> animals.howstuffworks.com>.

Webgrafía

www.aspca.org
www.catbehaviorassociates.com
drsophiayin.com
feline-nutrition.org
www.merckmanuals.com
www.nature.com
www.pandecats.com
pawpeds.com
www.peta.org
www.petsbest.com
www.pets-life.net
pets.thenest.com
pets.webmd.com
www.sheldrake.org
www.thedailycat.com
www.vetjournal.it
www.vetsallnatural.com.au
www.vetstreet.com

Sumario